W0074326

Die Kunst des Wohnens

DEREK WALTERS

Die Kunst des Wohnens
Feng-Shui

Planen, Gestalten, Einrichten
nach den Regeln der alten
chinesischen Harmonielehre

Otto Wilhelm Barth Verlag

Zum Gebrauch dieses Buches

Alle im Buch wiedergegebenen Karten und Diagramme sind,
wie im Westen üblich, so ausgerichtet, daß der Norden sich oben
befindet, es sei denn, es ist ausdrücklich anders angegeben. (In
der Feng-Shui-Praxis wird auch heute noch häufig die frühere
chinesische Darstellungsweise benutzt, bei welcher sich der
Süden oben auf der Karte befand, da auch die chinesischen
Kompasse nach Süden wiesen.)

Siebte Auflage 1996
Einzig berechtigte Übersetzung aus dem Englischen
von Theo Kierdorf in Zusammenarbeit mit Hildegard Höhr.
Titel des Originals: «The Feng Shui Handbook».
Copyright © 1991 by Derek Walters. Published by
arrangement with The Aquarian Press, an Imprint of
HarperCollinsPublishers Ltd, 77–85 Fulham Palace Road,
Hammersmith, London W6 8JB. The Author asserts the
moral right to be identified as the Author of this work.
Gesamtdeutsche Rechte beim Scherz Verlag, Bern, München,
Wien, für den Otto Wilhelm Barth Verlag.
Alle Rechte der Verbreitung, auch durch Funk, Fernsehen,
fotomechanische Wiedergabe, Tonträger aller Art sowie
durch auszugsweisen Nachdruck, sind vorbehalten.

Inhalt

Einleitung

Der Begriff «Feng-Shui» hat keine klar festgelegte Bedeutung. In manchen Zusammenhängen wird er als «Umgebung» übersetzt, doch häufiger bezieht er sich auf die «Ausstrahlung» eines bestimmten Ortes, auf das, was einige in der westlichen Welt als das Ergebnis bestimmter Schwingungen bezeichnen. Die Chinesen benutzen den Ausdruck manchmal sogar noch enger – einfach im Sinne von Glücks- oder Pechsträhne. Wörtlich haben die beiden Schriftzeichen für «Feng» und «Shui» die Bedeutung «Wind und Wasser». Dies mag isoliert betrachtet keinen rechten Sinn ergeben, doch es weist auf die Ursprünge der Feng-Shui-Kunst hin. Die beste Möglichkeit, Feng-Shui zu erklären, ist vielleicht, sich diese Lehre als irdisches Äquivalent zur Astrologie vorzustellen – ein Phänomen, das in der westlichen Welt keine Entsprechung hat. Während die Astrologie, die sowohl in der chinesischen wie auch in den westlichen Kulturen existiert, unser Schicksal durch Betrachtung des Himmels über uns zu ergründen versucht, bezieht Feng-Shui, das erdgebundene Gegenstück zur Astrologie, seine Hinweise von der Erde unter uns. Genauer gesagt beobachtet die Astrologie die Bewegungen und das Erscheinungsbild der Himmelskörper, während Feng-Shui die Berge und Gewässer betrachtet, die einen bestimmten Ort umgeben.

Allerdings gibt es zwischen beiden Lehren einen wichtigen Unterschied. Man kann die Himmelskörper in ihrem Lauf nicht aufhalten, doch das Erscheinungsbild der Landschaft kann man verändern – zum Guten wie zum Schlechten. Die Chinesen waren lange Zeit davon überzeugt, daß jeder Eingriff in die natürliche Gestaltung der Landschaft – ob durch den Bau von Kanälen oder Tunneln, durch das Legen von Eisenbahntrassen oder das Errichten riesiger Gebäude, die das ursprüngliche Erscheinungsbild der Horizontlinie verändern – zu Unheil von

7

unvorhersehbarem Ausmaß führen kann. Um nur ein derartiges Beispiel zu erwähnen: In der ehemaligen Sowjetunion hat man Flüsse, die ursprünglich den Aralsee mit Wasser speisten, in Wüstengebiete in Zentralasien umgeleitet, um diese zu bewässern. Dies hatte zur Folge, daß der Aralsee selbst praktisch völlig verschwand, wodurch Tausende von Quadratkilometern einer zuvor wunderschönen Landschaft in eine Wüste verwandelt wurden. Außerdem traten plötzlich in einem Gebiet von Hunderten von Kilometern im Umkreis des trockengelegten ehemaligen Sees furchtbare ausdörrende Salzstürme auf, was eine weitgehende Vernichtung von Leben in dieser Region zur Folge hatte.

Die Schäden, die Veränderungen der natürlichen Umweltbedingungen nach sich ziehen, erreichen natürlich meist kein so katastrophales Ausmaß. Doch selbst unsere Vorfahren wußten schon, daß durch Erbauen hoher Türme Windböen von ungeheurer Kraft entstehen oder durch Anlegen von Brunnen Bäche austrocknen können. So beobachteten die Chinesen, wie man die unberechenbaren «Winde und Gewässer» durch Veränderung der natürlichen Gestalt der Erde beeinflussen kann. Und wenn schon so geringfügige, relativ oberflächliche Veränderungen derart mächtige Kräfte wie Winde und Gewässer zu beeinflussen vermögen, was für eine Wirkung müssen sie dann erst auf etwas so Fragiles wie die Lebensbedingungen des Menschen haben?

Die Prinzipien des Feng-Shui basieren auf Regeln, die vor Tausenden von Jahren in der klassischen chinesischen Literatur aufgestellt wurden, insbesondere im *Li Shu*, dem «Buch der Riten», einem heiligen Buch, das die Grundlagen der religiösen Überzeugungen der Chinesen formuliert. Dabei geht es um die Ordnung, die Harmonie zwischen Himmel und Erde und darum, wie die Menschheit den Gleichgewichtszustand der Natur am besten erhalten kann.

Heute ist Feng-Shui eine vielschichtige Mischung aus Maximen des gesunden Menschenverstandes, logischen Erwägungen, mündlichen Überlieferungen und Bauernweisheiten, überlagert

8

von einer komplexen Lehre, die auf den Kompaßrichtungen basiert und eine eigenständige, reiche Symbolik besitzt.

Im 9. Jahrhundert der christlichen Zeitrechnung beschlossen zwei große Gelehrte unabhängig voneinander und von zwei völlig unterschiedlichen Standpunkten ausgehend, ihre Anschauungen über Feng-Shui zu Papier zu bringen. So kam es, daß der Weise Yang Yun-sung in der wunderschönen Umgebung von Kueilin das erste Feng-Shui-Handbuch schrieb, in dem er systematisch die Details von Landschaftsformationen beschrieb. Dieses Buch wurde zum Standardwerk der sogenannten *Formschule* der Feng-Shui-Lehre. Ungefähr ein Jahrhundert später schrieben Gelehrte, die in den weiten Ebenen Nordchinas lebten, ein Werk, in dem sie das Feng-Shui gebirgsloser Gebiete analysierten. Auf diese Weise entstand ein anderes Feng-Shui-System, das auf der Symbolik der Kompaßrichtungen basiert. Diese *Kompaßschule* oder Fukien-Methode gewann aus praktischen Gründen ungeheuren Einfluß. Heutzutage kombinieren Feng-Shui-Experten beide Schulen, wobei sie sich zunächst mit der Geländebeschaffenheit in der Umgebung eines Hauses befassen und dann den Kompaß zu Rate ziehen, um die Ausrichtung oder Orientierung der umliegenden Berge und Gewässer in bezug zum analysierten Ort zu betrachten.

Außer diesen beiden Schulen gibt es noch etwas, das man als «dritte» Feng-Shui-Schule bezeichnen könnte – eine kunterbunte Sammlung merkwürdiger Maximen und volkstümlicher Spruchweisheiten, die teilweise auf der Auswertung von Beobachtungen mit Hilfe des gesunden Menschenverstandes beruhen, teilweise einer lebhaften Phantasie entsprungen sind. Das vorliegende Buch beschäftigt sich in erster Linie mit den zuerst erwähnten beiden Hauptschulen – der Formschule und der Kompaßschule –, die nicht nur der Prüfung durch die Zeit standgehalten haben, sondern deren Prinzipien auch eine wissenschaftliche Grundlage besitzen. Aber auch Feststellungen der «dritten» Feng-Shui-Methode werden, soweit sie allgemein als gültig akzeptiert sind, mit berücksichtigt.

Zunächst wird der Leser lernen, wie er die ein bestimmtes Haus umgebende Landschaft untersuchen kann, ganz gleich, ob es sich um ein ländliches Panorama oder um die Silhouette einer Stadt handelt, und wie sich die potentiellen Feng-Shui-Eigenschaften des betreffenden Ortes erkennen lassen. Die komplexen Grundlagen und Verfahrensweisen der Kompaßschule werden Schritt für Schritt erklärt, und der Leser wird immer wieder aufgefordert, durch Ausführung einfacher Übungen zu überprüfen, ob er die vorausgegangenen Erklärungen wirklich verstanden hat.

Wohl am fesselndsten ist der Teil des Buches, in dem erläutert wird, wie jeder Mensch seine persönlichen Eigenarten und seine Umgebung aufeinander abstimmen kann, ob zu Hause oder am Arbeitsplatz, so daß die Harmonie mit der Umwelt gesichert ist und der innere Friede gefördert wird, was wiederum Glück, persönlichen Erfolg und ein günstiges Schicksal zur Folge haben sollte.

Wenn Sie dieses Buch durchgearbeitet und verstanden haben, kennen Sie nicht nur die Grundprinzipien der Feng-Shui-Lehre, sondern werden dann schon ebenso kundig in den Geheimnissen jener Kunst sein wie viele Feng-Shui-Praktiker im Fernen Osten.

1 Das Wesen von Feng-Shui

Dieses erste Kapitel lädt Sie ein, sich die landschaftlichen Details der Umgebung, in der Sie wohnen, oder der Umgebung Ihres Arbeitsplatzes anzuschauen und sich Notizen über alle Formen und Einzelheiten zu machen, aus denen sich die Horizontlinie und das Panorama zusammensetzen.

Wenn Sie bisher angenommen haben, Feng-Shui beschäftige sich mit dem Innern von Wohnhäusern oder Geschäften, so mag Ihnen dies als unwichtig erscheinen. Jemandem, der nur wissen möchte, wie er sein Bett aufstellen soll, oder ob er das hintere Zimmer als Küche oder besser als Wintergarten benutzt, mag die Betonung gewisser Details, die hier gleich zu Anfang erwähnt werden, übertrieben vorkommen.

In der westlichen Welt ist der Eindruck entstanden, Feng-Shui sei nicht viel mehr als eine Art mystischer Innenarchitektur. In Wirklichkeit geht es jedoch um wesentlich mehr. Um scheinbar so simple Fragen wie die obengenannten beantworten zu können, muß man verschiedene Faktoren berücksichtigen – unter anderem die Besonderheiten der Umgebung, die Richtung, in der das Haus liegt, und sogar – was keineswegs das Unwichtigste ist –, wie die Bewohner in dem betreffenden Haus zu leben beabsichtigen. In der Tat ist die ungeheure Vielfalt an Erwägungen, die bei einer Feng-Shui-Analyse zu berücksichtigen sind, der Grund, warum die meisten Chinesen es vorziehen, sich an einen Feng-Shui-Experten zu wenden, der all jene Details im Auge hat, die ein Ungeübter möglicherweise übersehen würde.

Wenn ein Feng-Shui-Berater gebeten wird, den Standort eines Hauses nach der Feng-Shui-Lehre zu analysieren, macht er sich zunächst ein Bild von der Umgebung. Er untersucht bestimmte Aspekte der Landschaft und der Nachbargebäude, bevor er zum nächsten entscheidenden Schritt übergeht: die korrekte Ausrichtung des Anwesens in Relation zu den Himmelsrichtungen festzustellen. Deshalb beginnt auch dieses Buch mit der genauen Betrachtung der Horizontlinie, die das Feng-Shui eines bestimmten Standortes im guten wie im schlechten Sinne beeinflußt.

In den frühesten Schriften über Feng-Shui heißt es, die beste Lage eines Anwesens sei der Südhang eines Hügels, wobei an einer Seite des Hauses ein Bach entlanglaufen und dann an der Vorderseite des Hauses irgendwo im Boden verschwinden sollte. Daß dies eine günstige Lage ist, kann man natürlich auch einfach mit dem gesunden Menschenverstand erkennen. Der Südhang eines Hügels oder Berges ist nicht nur wegen der Sonneneinstrahlung günstig, sondern diese Lage schützt außerdem sowohl die Ernte als auch die Gebäude vor den Nordwinden, weil der Hügel das Haus überragt. Liegt das Anwesen an einem Hang, also weder oben auf der Anhöhe noch an deren Fuß, so ist außerdem ein natürlicher Schutz vor Räubern gegeben, da diese zunächst den Berg erklimmen müßten, um den Vorteil, von oben zu kommen, nutzen zu können. Läge das Haus hingegen unten am Berg, so wäre es der Gefahr von Überschwemmungen ausgesetzt. Die Versorgung mit Wasser (wohl nur selten oben auf einer Anhöhe zu finden) ist nicht nur zur Erhaltung des Lebens, sondern auch für Reinigungszwecke außerordentlich wichtig. Deshalb sollte verschmutztes Wasser außer Sichtweite des Hauses abgeleitet werden. Heute hat die Feng-Shui-Lehre aus den alten Maximen über die Untersuchung der Landschaft ein flexibles System entwickelt.

Definitionen

Wenn wir nun über das Feng-Shui eines bestimmten Ortes sprechen, beziehen wir uns dann auf das Feng-Shui des Gebietes, auf das eines bestimmten Standorts oder Platzes, auf das eines Gebäudes, das errichtet werden soll, auf das der Räume innerhalb eines existierenden Hauses oder auf einen von vielen anderen möglichen Faktoren?

12

In diesem Buch werden ein paar Begriffe, die in der Alltagssprache eine allgemeinere Bedeutung haben, in einem spezifischeren Sinne verwendet. Es ist jedoch nicht notwendig, sich die folgenden Definitionen ganz genau einzuprägen: Sie dienen nur der größeren Klarheit der Darstellung.

Standort

Der Begriff **Standort** bezeichnet den Platz, der untersucht werden soll. Dabei kann es sich um ein Grundstück handeln, auf dem gebaut werden soll, oder um ein Grundstück, auf dem bereits ein Gebäude steht (bzw. um das Gebäude selbst).

Gelände

Das **Gelände** umgibt den **Standort**. Das **Gelände** umfaßt gewöhnlich das gesamte Gebiet, das vom **Standort** aus sichtbar ist.

Umgebung

Die **Umgebung** bezeichnet die (guten oder schlechten) Eigenschaften des **Geländes**. Die Eigenschaften werden bestimmt durch die **Merkmale der Umgebung**, wobei es sich um natürliche oder um von Menschenhand geschaffene Merkmale der **Umgebung** handeln kann, die vom **Standort** aus erkennbar sind.

Ausrichtung

Mit **Ausrichtung** ist die Richtung gemeint, in die die Eingangstür des Hauses auf dem **Standort** weist. Man stellt die Ausrichtung mit Hilfe eines Magnetkompasses fest. Chinesische Feng-Shui-Experten benutzen einen speziellen Kompaß, der später in diesem Buch beschrieben wird. Für den Anfang genügt ein gewöhnlicher Magnetkompaß.

Wir wollen uns nun die Bedeutung einiger dieser Definition etwas genauer anschauen.

Der Standort des Hauses

Es folgen einige Beispiele für **Standorte**:

Parzelle Nr. 275
Lüttelforst, Heidschnuckenhof
Bremerstraße 23
App. 23c, Hansa-Hochhaus
Bergers Lederwarenhaus
Odeon-Lichtspiele
Buckingham-Palast

Da die Chinesen bei der Suche nach geeigneten Begräbnisstätten für ihre Verwandten sehr darauf bedacht sind, einen Ort mit besonders gutem Feng-Shui zu finden, werden gewöhnlich auch Beispiele für «Begräbnisstätten» angeführt, die die Chinesen als «Yin»-Häuser bezeichnen, was soviel heißt wie «Aufenthaltsorte für die Toten».

Das umliegende Gelände

Das **Gelände** kann ein spärlich besiedeltes, großes Gebiet sein, in dem das Panorama die Grenzen des Sichtbaren vorgibt, oder ein sehr stark bebautes Gebiet, bei dem die Sicht durch die angrenzenden Gebäude eingeschränkt wird.

Die Umgebung

Der Zweck der Feng-Shui-Untersuchung ist, die **Qualitäten der Umgebung** eines Geländes festzustellen, zu bestimmen, ob diese günstig oder ungünstig sind, und Möglichkeiten zu finden, wie man die ungünstigen Eigenschaften neutralisieren und die günstigen stärken kann, um sie möglichst gut zu nutzen.

Merkmale der Umgebung

Merkmale der Umgebung können von Natur aus vorhanden oder von Menschenhand geschaffen sein. Generell werden natürlich vorhandene Merkmale als den von Menschenhand geschaffenen überlegen angesehen.

Beispiele für natürliche Merkmale sind:
Berge, Hügel und Vorsprünge
Ungewöhnliche Felsformationen
Ungewöhnliche Silhouetten von Hügeln am Horizont
Große alleinstehende Bäume, insbesondere Nadelbäume
Baumgruppen
Seen, Teiche und Ufer
Bäche und Flüsse
Wasserfälle
Felsspalten
Täler und Senken
Einschnitte in der Horizontlinie

Beispiele für von Menschenhand geschaffene Merkmale, die Feng-Shui beeinflussen, sind:
Felder
Hecken
Kanäle, Schleusen, Aquädukte
Teiche, Wasserreservoire
Künstliche Brunnen
Straßen
Brücken
Eisenbahntrassen
Telefonleitungen

15

Steinbrüche
Tunnel
Bergwerke
Holzschläge

Die obige Liste kann man im weitesten Sinne als Aufzählung von Merkmalen einer ländlichen Umgebung bezeichnen. In der Stadt ist die Anzahl der Merkmale zwar kleiner, dafür handelt es sich aber um wesentlich komplexere Strukturen. Man kann sie grob in folgende Gruppen unterteilen:

Versorgungseinrichtungen:
  Telegrafenmasten
  Telefonkabel
  Laternenpfähle
  Abwasserkanäle, unterirdische Wasserleitungen
  Gasleitungen, Aquädukte

Wohngebäude:
  Wohnhäuser
  Mietshäuser
  Häuserreihen
  Villen, Herrenhäuser
  Landhäuser

. . . und im Zusammenhang damit:
  Straßen
  Private Zufahrtswege
  Gärten
  Teiche

Denkmäler und Monumente:
  Obelisken
  Siegestore
  Triumphbögen

16

Gedenksteine
Freie Plätze
Marktplätze
Schulen, Kirchen, Krankenhäuser
Denkmäler und Ziertempel
Öffentliche Gebäude
Freizeiteinrichtungen

Militärische Objekte:
Burgen
Befestigungsanlagen
Festungsmauern
Alte Stadtbefestigungen
Von Menschenhand geschaffene Hügel

Industriebauten:
Kamine
Hochspannungsmasten
Gasbehälter
Speichertanks
Kühltürme

In Gebieten mit starker Bebauung wirken sogar noch weitere
von Menschen geschaffene Bedingungen auf das Feng-Shui der
betreffenden Umgebung ein:
Abstand zu anderen Gebäuden
Abstand von Mauern und Fenstern
Silhouette der Dächer vor der Horizontlinie
Nicht durchbrochene (durchgehende) Mauern
Durchgänge
Mauern von Gebäuden, die Winkel bilden
Ungewöhnliche Verzierungen an Dächern
Richtung von Straßen und Zufahrtswegen
Treppenaufgänge
Versorgungsleitungen: Abwasser-, Wasser- und Gasrohre

Später werden wir uns mit Bedeutung und Auswirkung all dieser Dinge beschäftigen. Zuvor jedoch möchte ich den Leser bitten, die folgende Übung auszuführen.

Übung

Gehen Sie zum nächstgelegenen Fenster, und notieren Sie mit Hilfe der obigen Liste so viele Elemente der Umgebung wie möglich. Gehen Sie anschließend zu einem Fenster, das sich in eine andere Richtung öffnet, und notieren Sie, was Sie von dort aus sehen. Wenn in beiden Fällen nicht viel mehr als eine Mauer zu sehen ist, dann versuchen Sie einen Ausblick zu finden, der Ihnen möglichst viele verschiedene Details bietet. Sie sollten mindestens zwanzig der obengenannten Merkmale registrieren.

Die Grundprinzipien von Feng-Shui

Wenn der Leser sich mit jenen Merkmalen der Umgebung vertraut gemacht hat, die wahrscheinlich das Feng-Shui des betreffenden Standorts beeinflussen, stellt sich die Frage, ob Dinge, die von einem bestimmten Standort aus günstig zu bewerten sind, von einem anderen aus schädlich sein können. Deshalb sind die folgenden Prinzipien, deren Sinn sich jedoch möglicherweise nicht unmittelbar erschließt, besonders wichtig. Die zugehörigen Abbildungen tragen da viel zur Veranschaulichung des Gemeinten bei, weshalb man sie sorgfältig studieren sollte.

Axiom 1

Obgleich die Merkmale der Umgebung für benachbarte Standorte die gleichen sein mögen, besitzen sie je nach der genauen
Position des Standorts unterschiedliche Eigenschaften.

Axiom 1: Die Eigenschaften eines Details der Landschaft variieren
je nach der speziellen Position des Standorts.

Analyse nach Axiom 1: Die Pagode liegt auf der Drachenseite des Hauses links, jedoch auf der Schildkrötenseite des Hauses rechts.

Axiom 2

Die Merkmale der Umgebung eines Standorts variieren je nach der Ausrichtung des Hauses (bzw. des Standorts).

Axiom 2: Der Drachenberg liegt für alle Häuser in diesem Dorf in der gleichen Richtung, obwohl jedes Haus eine andere Ausrichtung hat.

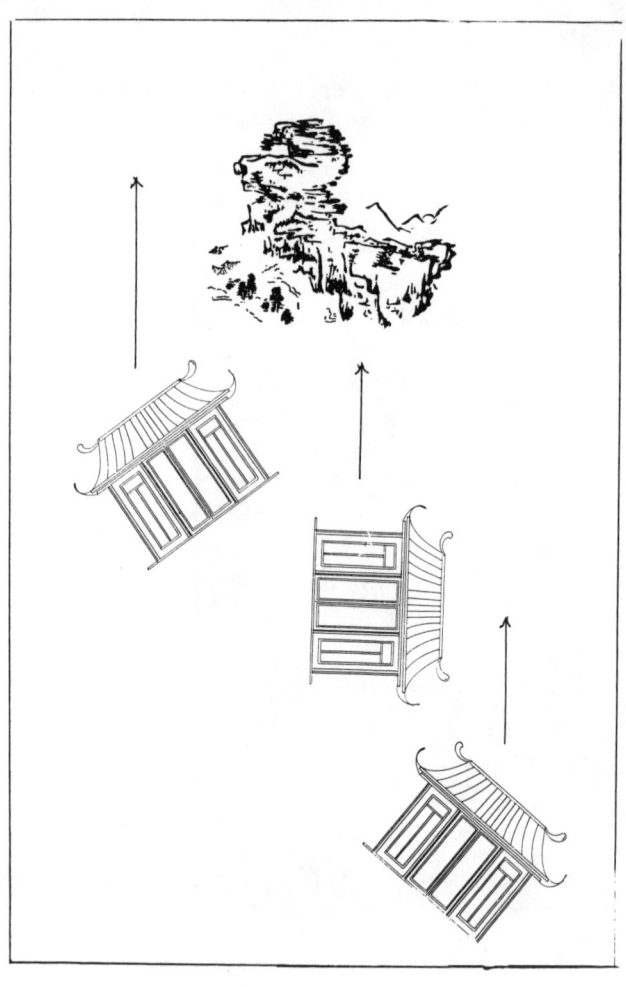

Analyse nach Axiom 2: Die drei Häuser liegen alle auf der gleichen Seite des Berges, aber jedes hat eine andere Ausrichtung.

Spezialbegriffe der Feng-Shui-Lehre

Die Feng-Shui-Lehre benutzt bestimmte der chinesischen Astronomie entlehnte Begriffe (Vogel, Schildkröte, Drache und Tiger), um die vier Richtungen eines Hauses oder Standorts zu bezeichnen – Vorderseite (Front), Rückseite, rechts und links. Gewöhnlich werden die vier «himmlischen» Tiere mit den vier Hauptrichtungen des Kompasses und mit den vier Jahreszeiten wie folgt assoziiert:

Drache	Frühling	Osten
Vogel	Sommer	Süden
Tiger	Herbst	Westen
Schildkröte	Winter	Norden

Als Merkhilfe die Zuordnung der Begriffe nach der Feng-Shui-Lehre:

Drache	Rechts
Vogel	Vorderseite (Front)
Tiger	Links
Schildkröte	Rückseite

Wenn die Vorderseite eines Standorts nach Süden orientiert ist, entsprechen die vier Feng-Shui-Begriffe den vier Kompaßrichtungen.

Nach Osten orientiertes Haus   Nach Süden orientiertes Haus

Nach Westen orientiertes Haus   Nach Norden orientiertes Haus

Doch aus Gründen, die später erklärt werden, sind die beiden Begriffsgruppen nicht austauschbar. Um den Unterschied zwischen den Feng-Shui-Begriffen und dem herkömmlichen Gebrauch der Kompaßpunkte zu verstehen, sollte man sich vor Augen führen, wie die Feng-Shui-Lehre die Begriffe auf die vier Seiten eines Gebäudes anwendet. Bei einem Gebäude oder einem Appartement ist die **Vogel**-Seite jene, wo sich der Eingang befindet; die **Schildkröten**-Seite ist die gegenüberliegende Seite – also die Rückseite des Gebäudes. Und wenn man im Gebäude steht und zur Vorderseite oder **Vogel**-Seite hinschaut, liegt die **Drachen**-Seite links und die **Tiger**-Seite rechts.

Wenn in einem nach konventionellem Muster gebauten Haus der Eingang nach Süden und die Rückseite nach Norden liegt, werden die vier Himmelsrichtungen – Norden, Osten, Süden und Westen – durch Schildkröte, Drachen, Vogel und Tiger repräsentiert.

Mauerrichtungen

Innen- und Außenseiten von Mauern werden entsprechend der Richtung benannt, in die sie weisen. Im Diagramm auf Seite 25 wird der Eingang durch den Vogel repräsentiert, ebenso wie die

Innenseite der dem Eingang gegenüberliegenden Mauer (B). Die Außenseite derselben Mauer (A) jedoch ist der Schildkröte zugeordnet. Ebenso werden die Außenseite F und die Innenseite D durch den Drachen repräsentiert, wohingegen die Außenseite C und die Innenseite E dem Tiger zugeordnet werden. Während ein Architekt beispielsweise E und F als östliche Mauer bezeich-

nen würde, weist die Mauerseite E im Sinne der Feng-Shui-Begriffe in die Tiger-Richtung, die Seite F hingegen in die Drachen-Richtung.

Wenn man das Feng-Shui eines Anwesens oder Standorts untersucht, kann man die vier Tiernamen den vier Hauptrichtungen des Kompasses zuordnen. Da jedem Tier eine ihm entsprechende Farbe assoziiert ist, kann man die vier Himmelsrichtungen wie folgt benennen:

Norden	Schwarze Schildkröte
Osten	Grüner Drache
Süden	Roter Vogel
Westen	Weißer Tiger

Es ist interessant, daß viele chinesische Feng-Shui-Praktiker unserer Zeit, insbesondere in Hongkong und Südchina, an die Stelle des Begriffs «Schildkröte» den Begriff «Krieger» gesetzt haben. Beide Begriffe, Krieger wie Schildkröte, sind mindestens seit dem ersten Jahrhundert christlicher Zeitrechnung in Gebrauch, und es ist nicht erklärt, wann oder warum der Krieger an die Stelle der Schildkröte trat. Die Schildkröte ist jedoch im Taoismus ebenso wie im von der Bön-Religion beeinflußten tibetischen Buddhismus das Symbol des Universums, und wahrscheinlich ist dies der authentischere Begriff.

Nach der Feng-Shui-Theorie ist der bestmögliche Standort für ein Gebäude einer, an dem die vier Symbole – Drache, Vogel, Tiger und Schildkröte – gut in den Formen der umliegenden Landschaft zu erkennen sind. Wenn nicht alle vier zu finden sind, so gilt es bereits als glücklicher Umstand, wenn man drei ausmachen kann; sind es keine drei, so sollte es zumindest der Drache sein; und wenn der Drache nicht vorhanden ist, kann auch der Tiger allein die Gesamtheit der vier Symbole repräsentieren. Die wichtigste Voraussetzung für gutes Feng-Shui ist jedoch die Sichtbarkeit des Drachen-Symbols. Deshalb besteht die vorrangige Aufgabe des Geomanten bei der Untersuchung

Drache und Tiger in Umarmung

eines Standortes darin, herauszufinden, ob es einen Berg, einen Hügel oder ein Vorgebirge im Hintergrund gibt, von dem man sagen könnte, daß er bzw. es die Rolle des Drachens erfüllt.

Drache und Tiger treten stets gemeinsam auf; sie sind unzertrennlich, so wie ein Magnet in jedem Fall einen Süd- und einen Nordpol haben muß. Wenn es einen Drachen gibt, gibt es auch einen Punkt, den man als Tiger bezeichnen kann, selbst wenn letzterer nicht sichtbar ist. Wenn hingegen eine Landschaft sehr eben und deshalb kein Drache zu erkennen ist, es jedoch im Westen einen Hügel oder Berg gibt, der den Part des Tigers übernehmen kann, so muß auch der Drache präsent sein, selbst wenn er nicht zu sehen ist.

Die ideale Szenerie

Im Idealfall sind zwei Hügel oder Berge zu sehen, davon einer im Osten des Anwesens, der andere im Westen. Da der Drache dem Tiger stets überlegen ist, repräsentiert der östliche Hügel ersteren; er ist etwas höher, vorspringender und zerklüfteter als der westliche Hügel. Verschwindet ein Hügel hinter dem anderen (geht also einer in den anderen über), so gilt dies als noch vorteilhafter. Man sagt, dies bedeute, daß Drache und Tiger einander umarmen.

Der Norden kann durch entferntere und höhere Berge repräsentiert werden, obgleich auch Koniferen am richtigen Platz die Schwarze Schildkröte symbolisieren können. Der südliche Aspekt sollte offen sein, und es ist sogar noch besser, wenn dort eine Senke ist. Um dieses Prinzip zu betonen, befindet sich bei chinesischen Häusern und Tempeln, die nach Feng-Shui-Kriterien konzipiert worden sind, vor dem Gebäude ein tiefer gelegener Hof oder ein Teich. Weiter entfernt jedoch sollte im Idealfall eine Felsformation oder ein anderes Detail erkennbar sein, das den Roten Vogel der Feng-Shui-Lehre repräsentiert. Man beachte allerdings, daß es sich dabei nicht um ein dominierendes Objekt handeln sollte wie beispielsweise einen Baum, einen hohen Pfahl oder einen Mast, der einen Schatten auf das

Gebäude werfen könnte, da dies, wie wir später sehen werden, ein Zeichen für schlechtes Feng-Shui wäre.

Die Funktion eines Hügels bzw. eines anderen Bestandteils der Horizontlinie als Drache oder Tiger gilt jeweils nur für einen bestimmten Standort. So ist wahrscheinlich jedes Vorgebirge sowohl Drache als auch Tiger: Drache von einem westlich gelegenen Punkt aus, Tiger, wenn man es von einem günstigen Punkt auf der Ostseite aus betrachtet. Ob es die Rolle des Drachen oder die des Tigers übernimmt, hängt von dem Hügel ab, der als sein Partner fungiert.

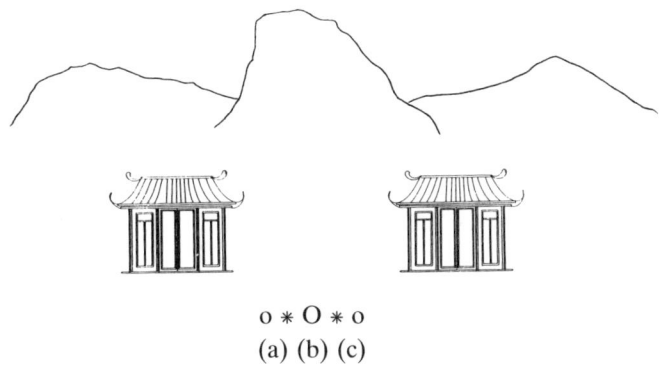

o * O * o
(a) (b) (c)

Im ersten Diagramm sind (a) und (c) kleinere Berge, während (b) wesentlich höher ist. Von einem Standort aus, der zwischen (a) und (b) liegt, erscheint (a) als Tiger und (b) als Drache; da letzterer dominiert, ist der Drache mächtiger als der Tiger, was gutes Feng-Shui anzeigt. Doch von einem Punkt zwischen den Bergen (b) und (c), dem höheren Berg, erscheint (b) als der Tiger, was weniger günstig ist.

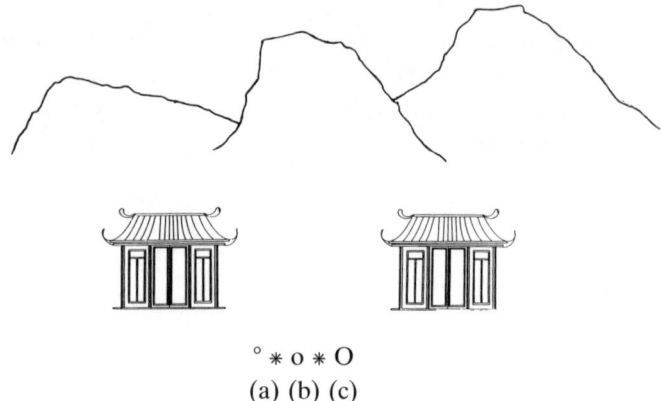

° ＊ o ＊ O
(a) (b) (c)

Im zweiten Diagramm ist (c) der größte der drei Berge. Deshalb befinden sich hier vom ersten Standort aus gesehen Drache und Tiger jeweils auf dem besten Platz. Vom zweiten Standort aus gesehen jedoch erscheint (b) als Tiger, während der dritte Berg (c), der (b) überragt, in diesem Fall den Drachen symbolisiert, was noch wesentlich günstiger ist.

Drachen-Eigenschaften

Chinesische Feng-Shui-Praktiker behaupten, je mehr ein Berg oder eine Horizontlinie ihrer Form nach tatsächlich an einen Drachen erinnere, um so stärker seien die günstigen Einflüsse des Feng-Shui. Deshalb hält ein erfahrener Geomant nicht nur nach einem Berg auf der Ostseite eines Standorts oder Hauses Ausschau, sondern gibt sich auch größte Mühe, die Glieder und Merkmale des Drachen in der Landschaftsformation zu erkennen. Ein erhobener Kopf beispielsweise gilt als besonders glückverheißend. Baumbewachsene Stellen kann man als Augenbrauen des Drachen ansehen und Gesteinsrinnen als seine Adern. Doch das positivste von allen denkbaren Vorzeichen ist

Der konfuzianische Tempel in Kaohsiung.
Man achte auf den «Drachen»-Berg im Hintergrund und auf den großen
Hof oder *Ming T'ang* vor dem Tempel.

ein Teich oder ein Bach unmittelbar unter dem Maul des
Drachen, denn dies ist das klassische Bild des «Drachen, der mit
seinem Speichel Perlen absondert». Dies gilt als sicheres Zeichen
dafür, daß derjenige, der an einem so günstigen Ort ein Haus
baut, es zu großem Wohlstand bringen wird.

Als sehr gefährlich dagegen gilt es, auf irgendeine Weise über
Dinge hinweg zu bauen, die der Geomant als zum Körper des
Drachen gehörend bezeichnet. Bäume, die als Bestandteile der
Form des Drachen betrachtet werden, sind «Feng-Shui»-Bäume,
die keinesfalls gefällt werden dürfen. Das schlimmste Unglück
jedoch erwartet jene Frevler, die die Blutgefäße des Drachen

31

durchschneiden, das heißt ihn töten. Diese tiefverwurzelte Überzeugung könnte man auf die Tatsache zurückführen, daß die Blutgefäße des Drachen sich gewöhnlich über Jahrhunderte hinweg als Kanäle in Zeiten starker Regenfälle gebildet haben. Obgleich diese Adern nur relativ selten Wasser führen, ist die Tatsache, daß sie schon so lange existieren, ein stiller Indikator dafür, daß es an einer solchen Stelle auch in Zukunft zu Überflutungen kommen könnte. Häuser, Felder oder Straßen, die an solchen Orten erbaut oder angelegt werden, mögen täuschend fruchtbar und malerisch wirken, doch ihre Fundamente sind so unsicher, als wären sie auf Treibsand gebaut. Wie diese volkstümliche Ansicht basieren auch viele andere scheinbar unbegründete Maximen der Feng-Shui-Lehre einfach auf ausgeprägtem gesundem Menschenverstand.

Zusammenfassung

Die vier Richtungen (Vorderseite [Front], Rückseite, linke Seite und rechte Seite) werden durch vier Embleme symbolisiert:

Schildkröte

Tiger   Drache

Vogel

* Die vier Embleme *können* den vier Punkten des Kompasses entsprechen, tun dies jedoch nur, wenn ein Gebäude nach Süden orientiert ist.
* Die Drachen-Richtung ist die wichtigste unter den vier Hauptrichtungen.
* Existiert ein Drache, so existiert auch ein Tiger – und umgekehrt –, selbst wenn der eine von beiden nicht zu sehen ist.
* Ist sowohl der Drache als auch der Tiger zu sehen, so ist es am besten, wenn der Drache den Tiger dominiert.

32

* Es ist günstig, wenn der Drache den Tiger umgibt oder umgekehrt. Dies nennt man «Drache und Tiger in Umarmung».
* Es gilt als äußerst günstig, wenn Körperkonturen des Drachen in der Landschaft zu erkennen sind.
* Es gilt als äußerst ungünstig, durch Aktivitäten irgendwelcher Art die sichtbaren Merkmale des Drachenkörpers zu zerstören.

Übung

* Besuchen Sie verschiedene Orte, und machen Sie sich Notizen darüber, welche Hügel oder Berge man als Drachen- oder als Tiger-Berge (bzw. -Hügel) bezeichnen könnte.
* Stellen Sie fest, wo an der betreffenden Stelle der günstigste Bauplatz wäre.

34

2 Der Standort

Nachdem wir die Horizontlinie und alle möglichen Formen und Merkmale festgestellt haben, die das Feng-Shui eines Standorts beeinflussen können, müssen wir nun herausfinden, ob diese Merkmale günstig sind oder nicht. Das kann man nur, wenn man eine gewisse Kenntnis der Grundregeln von Feng-Shui besitzt. Für den Augenblick können wir deshalb unsere Liste der Merkmale der Umgebung, unsere Notizen über die Positionen von Drache und Tiger und unsere Skizzen, falls wir solche gemacht haben, zur Seite legen, da wir jetzt einen Blick auf den Standort selbst werfen und uns mit einem der elementaren Prinzipien des Feng-Shui beschäftigen werden, nämlich mit der Bedeutung von *Ch'i* – den guten Einflüssen – und *Sha*, den schlechten Einflüssen.

Ch'i

Ch'i ist ein häufig verwendeter, ja sogar überstrapazierter Begriff in den chinesischen Wissenschaften. Die Vielzahl seiner Bedeutungen umfaßt unter anderem «Atem», «Luft», «vierzehn Tage» und, im Bereich der modernen Chemie, «Gas». Im Rahmen der Heilkunde, zum Beispiel in der Akupunktur, hat *Ch'i* sogar ein noch breiteres Bedeutungsspektrum. In der Feng-Shui-Lehre bezeichnet der Begriff allgemein günstige Strömungen, insbesondere die positiven Einflüsse, die einen bestimmten Standort durch einen vorteilhaft positionierten Drachen-Berg auszeichnen können. Doch ebensogut können die gesunden Luftströme gemeint sein, die einen Raum durchziehen.

Wie dem Leser wohl mittlerweile klar sein wird, entsteht durch einen günstig gelegenen und gut erkennbaren Drachen-Berg ein Überfluß an gutem *Ch'i*, was sich nicht nur positiv auf die

Umgebung auswirkt und die Lebenserwartung der dort wohnenden Menschen erhöht, sondern auch eine harmonische und glückliche Atmosphäre im eigenen Haus oder am Arbeitsplatz fördert und materiellen Reichtum nach sich zieht.

Ch'i sollte dazu angeregt werden, in das Haus einzudringen und es auf verschlungenen Wegen zu durchfließen, bevor es das Haus auf der entgegengesetzten Seite wieder verläßt. In Räumen, die eine vitale Atmosphäre haben sollten, wie das Wohnzimmer oder das Arbeitszimmer, kann man *Ch'i* dazu anregen, den Raum mit Energie aufzuladen, indem man es durch entsprechend aufgestellte Spiegel in die gewünschten Richtungen lenkt. In Räumen hingegen, in denen eine eher ruhige Atmosphäre vorherrschen sollte, beispielsweise in Schlafzimmern oder in Wohndielen, gilt es, *Ch'i* sanft rund um den Raum zu leiten. Deshalb sollte man in Schlafzimmern möglichst keine Spiegel aufstellen, denn diese würden das *Ch'i* anregen, dadurch die Atmosphäre mit Energie aufladen und so wirkliche Entspannung erschweren. Wenn hingegen in einem Hotel, das vorzugsweise von Flitterwöchnern besucht wird, die Räume mit Spiegeln ausgestattet sind, so werden die Paare dies sicherlich sehr begrüßen.

Wenn das *Ch'i* keinen Ausgang findet, kann es natürlich nicht entweichen; es vermag nämlich nicht durch dieselbe Tür oder durch dasselbe Fenster ins Haus einzudringen und auch wieder auszutreten. Beispielsweise kann es in einem fensterlosen Raum mit nur einer Tür nicht zirkulieren. Räume, in denen *Ch'i* stagniert und stirbt, eignen sich nur als Lager- und Schrankräume.

Sha

Das Gegenteil von *Ch'i* ist *Sha*. Dabei handelt es sich um ungünstige Energieströme, die einen negativen Einfluß auf die Familie haben, die gezwungen ist, an einem solchen Ort zu wohnen. Der Feng-Shui-Experte sollte in solchen Fällen Ratschläge geben, wie das Ch'i mit seinen günstigen, die Lebenskräfte verstärkenden Einflüssen dazu gebracht werden kann, das Haus vom Wirken des unheilbringenden *Sha* zu befreien.

Allgemein besteht die Ansicht, daß *Ch'i* sich langsam und in sanften, wellenförmigen Kurven fortbewegt, während es bei *Sha* schroffe, gerade Linien sind. Wir wollen uns nun die Bedingungen anschauen, die schädlichem *Sha* Vorschub leisten.

(a) Geographische Mängel

Sha entsteht durch geologische Verwerfung und Erdspalten. Nach der Feng-Shui-Lehre liegt die Stadt San Francisco an einem der übelsten Standorte auf der ganzen Welt. Dies hängt mit dem erdbebenträchtigen San-Andreas-Graben zusammen, der nach dieser Lehre höchst schädliches *Sha* produziert. (Westliche Geologen kommen übrigens zum gleichen Ergebnis, wenn auch aus völlig anderen Gründen.) Merkwürdigerweise ist San Francisco trotzdem nach wie vor eine blühende Stadt – die noch dazu die größte chinesische Bevölkerungsgruppe außerhalb Chinas zu ihren Einwohnern zählt!

Natürliche Senken, die in gerader Linie zu einem Gebäude hinführen, erzeugen ebenfalls *Sha*. Dabei kann es sich um

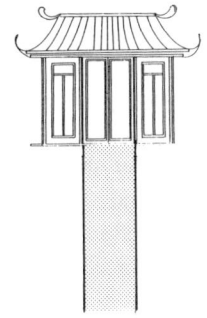
Durch gerade Linien erzeugtes *Sha*

Ch'i fließt in sanften Kurven

«Geheimer Pfeil», verursacht durch den
Winkel, in dem das Haus gebaut ist

Durch Knick in der Straße
verursachter «geheimer Pfeil»

ausgetrocknete Flußbetten handeln, die bei außergewöhnlich
starken Regenfällen zu großen Gefahrenquellen werden können, da sie das Wasser dann direkt auf das Haus zulenken.

(b) Gebäude und Straßen

Ecken und Kanten von Gebäuden, deren Winkel auf das unter-
suchte Haus hindeuten, gelten als Urheber für eine bestimmte
Art von *Sha* – die sogenannten «geheimen Pfeile». Der Winkel,
den die Außenwände des Nachbarhauses bilden, wird als Bogen
betrachtet, dessen Pfeil drohend auf das Haus gegenüber gerich-
tet ist. Menschen, die an einem solchen Ort leben, werden
wahrscheinlich ständig unter Krankheiten leiden, und die Atmosphäre gilt als allgemein schwächend.

Gebäudeecken (Innenecken), die fast immer mit Straßen,
Wegen, Passagen und Durchgängen assoziiert sind, die unmittelbar auf die Haustür zuführen, lenken ebenfalls *Sha* ins Haus.
Wenn eine Straße direkt auf ein Haus zuführt, so sind die damit
verbundenen potentiellen Gefahren infolge des heutigen Stra-
ßenverkehrs sicherlich größer als in früheren Zeiten. Wenn eine

Straße auf ein Haus zuläuft und dann in einem scharfen Winkel nach rechts abbiegt, so gilt dies als besonders unheilvoll, weil auf diese Weise die üblen Auswirkungen von gewöhnlichem *Sha* mit dem geheimer Pfeile kombiniert werden.

(c) Strukturen innerhalb des Hauses

Häuser, die durch einen zentralen Mittelgang unterteilt sind, und solche, bei denen die Hintertür der Eingangstür gegenüberliegt und von dieser aus zu sehen ist, gelten als ungünstig. Der zentrale Korridor fördert zwar die Ableitung von verderblichem *Sha*, zerstreut aber andererseits auch das positiv wirkende *Ch'i*. Die rationale Erklärung hierfür lautet, daß ein solches Haus eine strukturell bedingte Tendenz zur Spaltung hat. Familienmitglieder, die vorwiegend auf der einen Seite des Hauses wohnen, werden unbewußt zu Gegenspielern jener, die sich vor allem auf der anderen Seite aufhalten. Außerdem erleichtert der zentrale Mittelgang es Einbrechern und Dieben herauszufinden, ob «die Luft rein ist».

Noch zwei andere Bauweisen gelten aus der Sicht der Feng-Shui-Lehre als ungünstig: Zum einen das in der westlichen Welt so beliebte «Panorama»-Wohnzimmer mit zwei einander unmittelbar gegenüberliegenden Fenstern. In einem solchen Raum gibt es keinen festen Punkt, man kann kein Gefühl der Ruhe darin entwickeln. Deshalb ist diese Anordnung der Fenster für ein Wohnzimmer ungeeignet. Die Feng-Shui-Lehre erklärt das Gefühl des Unbehagens, indem sie darauf hinweist, daß das hilfreiche *Ch'i* durch den Raum strömt, ohne daß seine günstigen Einflüsse wirksam werden können.

Wahrscheinlich aus den gleichen Gründen schätzen Chinesen die westliche Praxis nicht, die Treppe so zu bauen, daß sie der Eingangstür unmittelbar gegenüberliegt. Ihnen ist es lieber, wenn sie beispielsweise an einer Seitenwand entlangläuft und, falls möglich, auf halber Höhe die Richtung ändert.

(d) Versorgungsleitungen

Telefonleitungen und Stromkabel sind in der Stadt nicht weniger häßlich als auf dem Lande, doch die Feng-Shui-Lehre betrachtet sie zudem noch als neuzeitliche Beförderer von ungünstigem *Sha*. In jedem Fall ist es besser, wenn sie sich dem Haus in einem spitzen Winkel nähern, also fast parallel zur Außenwand verlaufen.

(e) Säulen, Pfeiler und Pfähle

Wo es Überland-Telefonleitungen gibt, da gibt es auch Leitungsmasten. Weder sie noch Laternenpfähle noch hohe Bäume sollten vor einem Fenster an der Vorderfront des Hauses stehen. Da sie die Koniferen des Nordens repräsentieren, befänden sie sich dort auf der «Vogel»-Seite des Gebäudes, also an der falschen Stelle.

Einer anderen Ansicht nach lenken hohe Pfeiler oder Säulen durch ihre ungünstigen geraden Schatten unheilbringendes *Sha* auf einen Standort. Hierzu erzählte mir ein chinesischer Feng-Shui-Anhänger ein interessantes Detail: Er behauptete, der Zerfall des Empire sei durch Errichtung einer Gedenksäule vor dem Buckingham-Palast eingeleitet worden. Als mich ein chinesischer Freund bat, etwas zu diesem Punkt zu sagen, gab ich zu bedenken, daß das Monument eher das ungünstige *Sha* der Mall (der offiziellen Zugangsstraße zum Palast) unterbrochen habe, da der Verkehr durch die Errichtung des Bauwerks gezwungen worden sei, um die Insel in der Mitte herumzufahren, während die Mall vorher direkt auf den Palast zugelaufen und dann im rechten Winkel abgebogen war.

Fassen wir noch einmal die wichtigsten Quellen von *Ch'i* und *Sha* zusammen. In einem späteren Kapitel werden wir uns dann damit beschäftigen, wie man bestimmte Orte von ungünstigen Einflüssen befreien kann.

Zu beachten im Hinblick auf *Ch'i*

Ein gut erkennbares Tiger-und-Drachen-Paar erzeugt gutes *Ch'i*. *Ch'i* bewegt sich in sanft gewundenen Linien.

Man sollte *Ch'i* dazu bringen, einen Weg zu nehmen, der es durch das ganze Haus führt.

Ch'i kann das Haus nicht auf dem gleichen Weg wieder verlassen, auf dem es hineingelangt ist.

Begehbare Schränke und fensterlose Räume erschöpfen die günstigen Wirkungen des *Ch'i*.

Spiegel können den Weg des *Ch'i* verändern.

Zu beachten im Hinblick auf potentielles *Sha*

Natürliche geographische Mängel

Bodensenken

Tunnel

(Einwärts gerichtete) Ecken von Gebäuden

(Vorspringende) Ecken von Gebäuden

Straßen und Zufahrtswege

Zentral gelegene Durchgänge (Flure) innerhalb eines Gebäudes

«Panorama»-Zimmer mit Fenstern an Vorder- und Rückfront

Treppen, die auf die Eingangstür zulaufen

Telefonleitungen

Telefonmasten, Laternenpfähle, hohe Bäume

玉川品居

鳳餅覓來、活火騰烟玄鶴避

龍團嘗罷清風生腋睡魔降

42

3   Die Fünf Elemente

Zentral für die Feng-Shui-Theorie ist das Prinzip der Fünf
Elemente. Wenn ein Feng-Shui-Experte die Berge oder Bauten
studiert, die einen Standort umgeben, oder wenn er herauszufinden versucht, ob der betreffende Standort mit der Persönlichkeit
des Klienten in Einklang zu bringen ist, oder sogar wenn er
Ratschläge hinsichtlich der Farbe der Möbel in einem bestimmten Raum gibt, so basieren alle seine Überlegungen stets auf der
Wechselbeziehung mit dem vorherrschenden Element, ganz
gleich, ob es sich dabei um Holz, Feuer, Erde, Metall oder
Wasser handelt.

Die Elemente in genau dieser Reihenfolge zu betrachten ist
deshalb so wichtig, weil sie signalisiert, welches Element das ihm
folgende *hervorbringt.* Das heißt:

Holz	brennt und bringt
Feuer	hervor, das Asche hinterläßt oder
Erde	aus welcher
Metall	gewonnen wird, das, geschmolzen, fließt wie
Wasser	welches notwendig ist, um
Holz	wachsen zu lassen – und so weiter.

Mit Hilfe der Theorie der Fünf Elemente ordnen die Chinesen
alle Dinge einer dieser fünf Kategorien zu. Der Ausdruck «Fünf
Elemente» ist der Bequemlichkeit halber beibehalten worden,
da diese fünf Kategorien an die vier Elemente des Aristoteles
erinnern – Luft, Erde, Feuer und Wasser. Manche Autoren
ziehen es zwar vor, beispielsweise von den «Fünf Wirkungen» zu
sprechen, doch da der Begriff «Elemente» seit mindestens
dreihundert Jahren verwendet wird, erscheint es mir nicht sehr
sinnvoll, ihn jetzt zu ändern. Tatsächlich haben die fünf chinesischen Elemente und die vier westlichen Elemente kaum mehr
gemeinsam, als daß drei von ihnen den gleichen Namen tragen.

Damit ist es mit der Ähnlichkeit aber auch schon zu Ende. Zunächst einmal sei festgehalten, daß die vier westlichen Elemente Gegensatzpaare bilden, während im chinesischen System die bloße Tatsache, daß es *fünf* Elemente gibt, einen permanenten Ungleichgewichtszustand bedingt, welcher den Kern der chinesischen Philosophie vom ständigen Wandel bildet.

Die fünf Planeten

Daß es fünf chinesische Elemente gibt, scheint seinen Ursprung zu haben in der Entdeckung der fünf Hauptplaneten durch chinesische Astronomen früherer Zeiten. Tatsächlich werden die fünf inneren Planeten von den Chinesen als Holzplanet (Jupiter), Feuerplanet (Mars), Erdplanet (Saturn), Metallplanet (Venus) und Wasserplanet (Merkur) bezeichnet. Ich führe die Namen der Planeten jedoch lediglich zur Abrundung der Information an – weder sie noch die offensichtlich fehlerhafte Zuordnung von Saturn zum Element Erde brauchen uns hier näher zu interessieren.

Die Fünf Elemente und die Fünf Kardinalpunkte

Die Fünf Elemente symbolisieren die Fünf Kardinalpunkte, nämlich die vier Himmelsrichtungen – Osten, Süden, Westen und Norden – mitsamt der Nicht-Richtung, dem Zentrum. An früherer Stelle haben wir gesehen, daß jede der vier Richtungen eine der vier Jahreszeiten repräsentiert: der Osten den Frühling, der Süden den Sommer, der Westen den Herbst und der Norden den Winter. Wenn wir nun zunächst das zentrale Erdelement außer acht lassen, können wir sagen, daß die vier Richtungen die vier Jahreszeiten und deren Farben sowie die vier Elemente symbolisieren, also:

Osten	Frühling	Grün	Holz
Süden	Sommer	Rot	Feuer
Zentrum		Gelb	Erde
Westen	Herbst	Weiß	Metall
Norden	Winter	Schwarz	Wasser

Diese Korrelationen werden erklärt durch die Tatsache, daß im Frühling das Leben der Pflanzen (das chinesische Wort für «Holz» besitzt ein sehr breites Bedeutungsspektrum) erwacht und sich grüne Knospen entwickeln – der Frühling ist die Morgendämmerung des neuen Jahres; außerdem geht im Osten die Sonne auf. Rot ist die Farbe des Feuers, und die Sonne ist mittags, wenn sie sich im Süden befindet, am heißesten: Deshalb gilt der Sommer als der Mittag des Jahres. Gelb ist die Farbe der Erde Zentralchinas. Der Herbst ist die Zeit der Ernte, und in früheren Zeiten war es üblich, nach der Ernte Kriege auszutragen. In Friedenszeiten benötigte man Metall zur Herstellung von Sicheln, in Kriegszeiten für Schwerter, und Weiß (silbriges Weiß) ist die Farbe von poliertem Eisen. Der Winter ist die Mitternacht des Jahres – alles ist schwarz, und der Sonnenschein weicht dem Regen; deshalb ist Wasser das Element des Winters und des Nordens.

Generative und destruktive Kreisläufe

Die generative (erzeugende) Anordnung der Elemente – auch «Hervorbringungsreihenfolge» genannt – ist bereits beschrieben worden. Es ist die grundlegende Ordnung der Fünf Elemente, die man sich einprägen sollte. Als Diagramm kann man sie wie folgt darstellen:

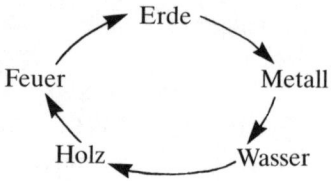

Generative Ordnung der Elemente

Elemente, die einander in diesem Zyklus benachbart sind, unterstützen sich gegenseitig. So hilft Holz dem Feuer, Wasser dem Holz und so weiter. Doch es gibt noch eine weitere Ordnung der Elemente, die als «Bezwingungsreihenfolge» (destruktive Sequenz) bezeichnet wird. Wenn in dieser zweiten Anordnung zwei Elemente einander benachbart sind, bezwingt oder zerstört das erste das zweite.

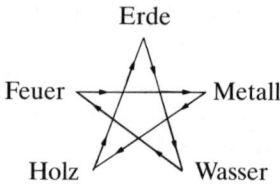

Destruktive Ordnung der Elemente

Demnach zerstört (bzw. bezwingt) Holz Erde, Feuer zerstört Metall und so weiter. Man kann sich diese Reihenfolge merken, indem man ergänzt:

Holz entzieht der Erde ihre Nährkraft
Erde verschmutzt Wasser
Wasser löscht Feuer
Feuer schmilzt Metall
Metall durchschneidet Holz

46

Andererseits läßt sich beobachten, daß manche Elemente (in der umgekehrten Reihenfolge) zugunsten anderer wirken. Beispielsweise nährt Erde Holz; Wasser weicht Erde auf (und macht so Ton geschmeidig); und Feuer kocht Wasser.

Wenn man die Feng-Shui-Eigenschaften eines bestimmten Standorts untersuchen will, ist es wichtig, zunächst festzustellen, welche Elemente in der Umgebung vorherrschen, und dann, welches das vorherrschende Element am Standort selbst ist. Auf diese Weise kann man sicherstellen, daß die Elementareigenschaften des Geländes und des speziellen Standorts sich im Einklang miteinander befinden.

Deshalb wollen wir uns nun zuerst anschauen, woran man die Elementareigenschaften erkennen kann.

Form

Vielleicht am offensichtlichsten enthüllt ein Gelände seine Elementareigenschaften durch seine *Form*. Auf Seite 48 sehen wir, welche Formen den einzelnen Elementen entsprechen.

Holz: Bäume sind hoch und aufrecht. Das Element Holz wird durch säulenförmige Strukturen repräsentiert, beispielsweise durch hohe, steil aufragende Berge (wie man sie zum Teil in Südchina findet) oder durch von Menschenhand geschaffene Objekte wie Obelisken, Minarette, Fabrikkamine oder hohe, schlanke Wolkenkratzer.

Feuer: Spitzen erinnern an Flammen. Das Element Feuer wird durch markante Bergspitzen repräsentiert sowie durch die spitzen Dächer mancher östlicher Tempel, weiterhin durch die Spitzen von Kirchtürmen und durch ähnliche Gebäude mit sehr spitzen Dächern.

Erde: Der Erdboden ist im allgemeinen flach; das Element Erde wird dargestellt durch lange, abgeflachte Hügel, Plateaus, Tafelberge und Gebäude mit Flachdächern.

Metall: Bronzespiegel und Münzen sind rund; das Element Metall wird dargestellt durch sanft gerundete Hügelkuppen und durch Gebäude mit kuppelförmigen Dächern.

Wasser: Wasser hat keine Form und jede Form. Das Element Wasser wird repräsentiert durch wellenförmige und unregelmäßige Hügellandschaften sowie durch Gebäude, die eine bizarre oder komplexe Architektur haben, wobei sie eher gerundet als eckig sind.

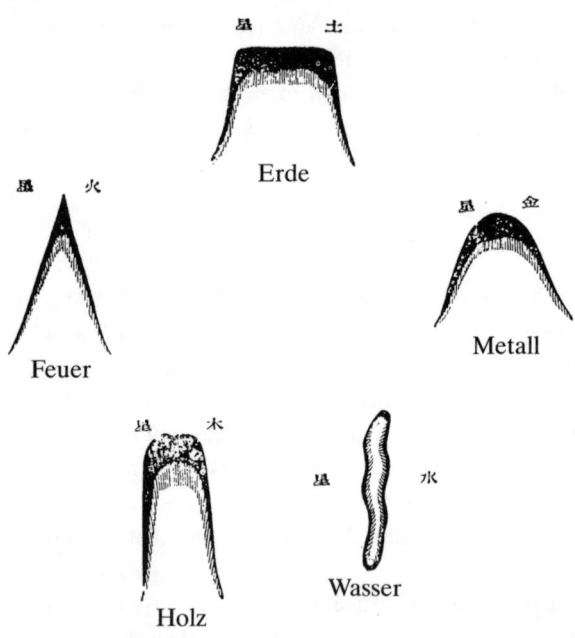

Die Formen der Fünf Elemente

Übungen

1. Welche Elemente werden assoziiert mit:

(a) Frühling	(d) Gelb	(g) Schildkröte
(b) Winter	(e) Süden	(h) Drache
(c) Grün	(f) Osten	(i) Sonnenuntergang
		(j) Mittag

2. Welches Element
   erzeugt:
   (a) Erde   (b) Wasser
   zerstört:
   (c) Feuer   (d) Metall
   wird erzeugt durch:
   (e) Holz   (f) Erde
   wird zerstört durch:
   (g) Wasser   (h) Feuer

Antworten

1. (a) Holz (b) Wasser (c) Holz (d) Erde (e) Feuer (f) Holz
   (g) Wasser (h) Holz (i) Metall (j) Feuer
2. (a) Feuer (b) Metall (c) Wasser (d) Feuer (e) Feuer
   (f) Metall (g) Feuer (h) Metall

Element-Formen in der Praxis

Wir wollen nun die Feng-Shui-Situation betrachten, die entsteht, wenn man ein Gebäude von einer bestimmten Form errichtet, in einer Umgebung, die von anderen Gebäuden oder von Bergen mit klar erkennbaren Element-Charakteristika dominiert werden.

49

Wenn wir die beiden weiter oben beschriebenen Sequenzen (der Elemente) zugrunde legen, könnten wir uns fünf mögliche Fälle vorstellen: Das Element der Umgebung kann das **gleiche** sein wie das Element des Gebäudes, das im Mittelpunkt der Betrachtung steht, es kann dem Element der Umgebung in der **generativen** Ordnung entweder vorangehen oder folgen, oder es kann dem Element der Umgebung in der **destruktiven** Ordnung entweder vorangehen oder folgen. Nehmen wir beispielsweise an, das vorherrschende Element der Umgebung (das Element des Geländes) ist das Element Erde, was in Form von annähernd quadratischen Gebäuden mit Flachdächern zum Ausdruck kommt. Es ist geplant, ein weiteres Haus zu errichten, wobei allerdings noch nicht geklärt ist, welche Form es haben soll. Das geplante Gebäude kann also jede der fünf Elementarformen haben: Holz (hoch und schlank), Feuer (spitz), Erde (flach), Metall (abgerundet) oder Wasser (unregelmäßig).

Dies sind die fünf Situationen:

1. *Gelände: Erde / Gebäude: Holz*
   Erde und Holz sind im destruktiven Zyklus einander benachbart, wobei Holz auf Kosten der Erde profitiert. Dies ist für diejenigen, die in einem solchen Gebäude arbeiten oder leben, ein sehr glücklicher Umstand.

2. *Gelände: Erde / Gebäude: Feuer*
   Erde und Feuer sind in der generativen Reihenfolge benachbart, wobei die Erde vom Feuer profitiert. Diese Situation ist nicht besonders schädlich, aber auch nicht sehr günstig. Es wäre jedoch die ideale Situation für ein Krankenhaus, eine Schule oder eine Bibliothek – Gebäude, die für die ganze Gemeinschaft von Nutzen sein sollen.

3. *Gelände: Erde / Gebäude: Erde*
   Erde und Erde ergibt eine stabile Situation, die weder vorteilhaft noch schädlich ist. In solchen Fällen sollte das

geplante Gebäude die gleiche Funktion haben wie die Gebäude in seiner Umgebung. Liegt es beispielsweise in einem Wohngebiet, so sollte es ein weiterer Wohnblock sein.

4. *Gelände: Erde / Gebäude: Metall*
   Erde und Metall sind im generativen Kreislauf einander benachbart, wobei die Erde Metall erzeugt. Da Metall die Münzen bzw. Geld repräsentiert, deutet dies auf eine in finanzieller Hinsicht sehr günstige Situation hin.

5. *Gelände: Erde / Gebäude: Wasser*
   Erde und Wasser sind in der destruktiven Sequenz einander benachbart, wobei Wasser durch Erde geschädigt wird. Von einem solchen Gebäude würde ein Geomant abraten, da seine Funktion eine nachteilige Wirkung auf die Nachbarschaft hätte.

Später werden wir einen genaueren Blick auf jeden der Zustände werfen, die entstehen können, wenn ein Gebäude an einem bestimmten Ort steht und die Element-Charakteristika sowohl des Gebäudes als auch des Geländes klar erkennbar sind. Zuvor wollen wir uns jedoch etwas genauer mit der Symbolik der einzelnen Elemente befassen.

Die Symbolik der einzelnen Elemente

Holz–Frühling–Osten–Grün
Material: Holz   Form: säulenförmig

Obgleich die Elemente einander in einer ununterbrochenen Kreisbewegung folgen, so daß es eigentlich keinen Anfang und kein Ende gibt, gilt Holz doch allgemein als das erste Element der Sequenz, da es symbolisch für den Frühling steht, den Anfang des Jahres. Folglich symbolisiert Holz Schöpfung, Nähren und Wachstum.

Holz-Umgebung

Die Holz-Form ist hoch und aufrecht, und sie wird gewöhnlich für religiöse und militärische Gebäude oder für Monumente wie Säulen, Obelisken, hohe Pagoden, Wachtürme und Pfeiler verwendet. Bis vor relativ wenigen Jahren die modernen Bautechniken entwickelt wurden, die es ermöglichten, Wolkenkratzer und Hochhäuser zu bauen, waren Gebäude mit Holz-Charakteristik für Wohnzwecke oder für die gewerbliche Nutzung äußerst selten. Doch ist Holz ein häufig verwendetes Baumaterial, und folglich kann man auch ein niedrigeres Gebäude dem Element Holz zuordnen, wenn es aus eben diesem Material errichtet wird.

Gebäude unter dem Schutz des Elements Holz gelten als geeignet für die verschiedensten Dinge, die mit Kreativität, mit Nähren und mit Wachstum in Verbindung gebracht werden. Dazu gehören Kindergärten, Krankenhäuser, Wohnhäuser und Restaurationsbetriebe ebenso wie Künstlerateliers: Sie alle profitieren vom Einfluß des Elements Holz. Innerhalb eines Hauses hat dieses Element einen günstigen Einfluß auf das Eßzimmer, das Kinderzimmer und das Schlafzimmer.

In kommerziell genutzten Gebäuden eignet sich das Element Holz, das die Kreativität repräsentiert, am besten für das Entwicklungsbüro, während der «nährende» Aspekt dieses Elements darauf hindeutet, daß Einrichtungen, die mit der Gastronomie in Verbindung stehen, wie Restaurants und Cafés, davon profitieren würden. Wenn im Bereich der Produktion und des Handels das Element Holz vorherrscht, so liegt es nahe, am betreffenden Ort Güter, die aus Holz hergestellt sind, zu produzieren oder zu verkaufen.

Feuer–Sommer–Süden–Rot
Material: Kunststoffe; tierische Produkte
Form: spitz

Die Feuer-Form ist an spitzen Winkeln und Spitzen zu erkennen, insbesondere wenn es sich um Dächer handelt. Man findet Spitzdächer häufig bei Tempeln, beispielsweise in Thailand, wo

Feuer-Umgebung

die Dächer wegen der Monsunregen besonders hoch und steil angelegt werden; allerdings sind Kirchtürme ebenso charakteristisch für das Element Feuer. In ganz Südostasien gilt es als unglückbringend, ein Haus in der Nähe einer Kirche zu errichten – teilweise, weil man annimmt, daß die Kirchenbesucher sich an diesem Ort böser Kräfte entledigen, die sich dann im nächstgelegenen Gebäude einnisten könnten, teilweise aber auch, weil man der Ansicht ist, die Nähe des Elements Feuer stelle für Gebäude aus Holz eine ständige Brandgefahr dar.

Die Tatsache, daß Feuer mit chemischen Prozessen in Verbindung steht, deutet darauf hin, daß dieses Element von Menschenhand hergestellte Materialien regiert, obgleich man in früheren Zeiten Baumaterialien nicht dem Element Feuer zuordnete – abgesehen vielleicht von den Lederzelten der Nomaden. Trotzdem galten Gebäude mit Steildächern – wahrscheinlich die verbreitetste Art von Dachkonstruktion sowohl im Bereich der Wohngebäude als auch der Gemeinschaftsbauten und Geschäftshäuser – als dem Element Feuer zugeordnet.

Die rote Farbe des Feuers ist die Farbe des Blutes. Deshalb steht das Feuer für tierisches Leben im Gegensatz zu pflanzlichem Leben.

Das Element Feuer soll den Intellekt repräsentieren. Gebäude mit einer Feuer-Form gelten deshalb als geeignet für Bibliotheken, Schulen und andere Stätten des Lernens. In den Bereichen des Handels, des Designs (bzw. der Entwicklung) und der Mode liegen weitere Möglichkeiten dieses Elements. Einleuchtend ist, daß Herstellungsprozesse, bei denen Feuer und Schmelzöfen eine Rolle spielen, dem Element Feuer zugeordnet sind. Weniger unmittelbar einsichtig ist, daß dies auch für chemische Prozesse gilt. Viehhaltung und (in Verbindung mit Metall) das Schlachten von Tieren werden ebenfalls mit dem Element Feuer in Verbindung gebracht.

Im Wohnhaus ist der Küchenherd der Platz des Elements Feuer.

Erd-Umgebung

Erde–Zentrum–Gelb
Material: Ziegel   Form: quadratisch; flach

Das Element Erde zeigt sich in der Form niedriger flacher Gebäude, glatter Mauern, ebener, schmuckloser Oberflächen und flacher Dächer. Wohnblocks und Büros, niedrige Gebäude mit Flachdächern und ähnliche Konstruktionen haben alle die Erd-Form.

Erde ist auch das Element des Tons und der Ziegel, weshalb Ziegel-, Ton- und Betongebäude in jedem Fall in einem gewissen Maße das Element Erde verkörpern, ganz gleich, welche Form sie haben. Deshalb besitzt ein Ziegelhaus mit einem Steildach die Eigenschaften der Elemente Feuer und Erde; da Feuer und Erde in der generativen Ordnung der Fünf Elemente aufeinander folgen, gilt dies als stabile und glückliche Kombination.

Gebäude von starker «Erd»-Chrakteristik können solide, dauerhaft und zuverlässig sein, aber sie üben keinen stimulierenden Einfluß aus. Da sie als «unbeweglich» gelten, sind sie vor allem als Lagerhäuser geeignet. In gewerblich genutzten Gebäuden sollte man Bereiche, die dem Element Erde zugeordnet werden, als Lagerräume vorsehen. In einem Wohnhaus oder einer Wohnung nutzt man «Erd»-Bereiche am besten als Vorratsräume, als Zimmer zum gelegentlichen Aufenthalt, als Garagen oder als Wintergärten (obgleich letztere sich genaugenommen in einem Bereich befinden sollten, der dem Element Holz zuzuordnen ist).

In der Industrie wird das Element Erde mit Tunnelbau, Landwirtschaft, Bautätigkeit im allgemeinen und Ingenieurswesen assoziiert. In Handel und Gewerbe empfiehlt sich die Produktion oder der Verkauf von Keramik.

Metall-Umgebung

Metall–Herbst–Westen–Weiß
Material: Metall   Form: rund

Die Metall-Form ist an Gebäuden, die Kuppeln, geschwungene
Dächer und Gewölbe aufweisen, zu erkennen. Solche Gebäude
sind fast immer Monumente, sie dienen religiösen Zwecken oder
erfüllen Funktionen für die Gemeinschaft. In der westlichen
Welt haben gewöhnlich nur Adelspaläste Kuppeln, aber es gibt
Länder, in denen Kuppelhäuser die traditionelle Form der
einheimischen Architektur waren und sind.

Da das Element Metall symbolisch für Münzen und Geld
steht, ist es nicht überraschend, daß so viele erfolgreiche kommerzielle Institutionen, vor allem Bankgebäude, eine Vorliebe
für Hallen mit Kuppeldächern haben. Im Sinne der Feng-Shui-
Lehre eignet sich für Geschäftshäuser keine Form besser als die
Kuppelform. Wer finanziellen Erfolg anstrebt, es sich jedoch
nicht leisten kann, sein Unternehmen in einem Gebäude mit
Kuppeldach unterzubringen, kann sich ersatzweise mit der Konstruktion von Gewölben, Bögen oder anderen gerundeten Zier-
formen begnügen. Große Bahnhöfe haben häufig gewölbte
Deckenkonstruktionen. Und es war völlig angemessen, diese
Dachform zu wählen, als die Eisenbahnen – die «eisernen
Straßen» – den Beginn eines neuen Zeitalters des Handels und
der Industrie einleiteten.

Heute ist auch Metall eine Komponente des Baumaterials;
Stahlbeton stellt eine Kombination der Elemente Erde und
Metall dar. Daß Erde und Metall im generativen Kreislauf der
Fünf Elemente aufeinander folgen, gilt als glücklicher Umstand
– Erde erzeugt Metall, weshalb diese Element-Kombination
Reichtum und finanziellen Erfolg verspricht.

Das Element Metall eignet sich mehr für kommerzielle und
Produktionsgebäude (Fabriken) als für Wohnhäuser. Denn
Metall verspricht zwar finanziellen Gewinn, wirkt sich aber nicht
günstig aus auf die einfachen, alltäglichen Prozesse des Lebens
und Wachsens. Im eigenen Heim sollte ein Bereich, der dem

Wasser-Umgebung

Einfluß des Elements Metall unterliegt, als Werkraum benutzt werden.

Das Element Metall regiert Messer und Schwerter. Jeder Produktionsprozeß, bei dem Metall eine Rolle spielt, fällt natürlich unter die Kategorie Metall. Im gewerblichen Bereich profitieren Herstellung und Verkauf von Schmuck und Eisenwaren vom Einfluß dieses Elements.

Wasser–Winter–Norden–Schwarz
Material: Glas   Form: unregelmäßig

Gebäude vom Wasser-Typ sind an Unregelmäßigkeiten in Form und Konstruktion zu erkennen. Gebäude, die so aussehen, als seien sie willkürlich zusammengestückelt, als habe der Erbauer sich an keinerlei Plan gehalten, und die außerdem Merkmale aller vier übrigen Elemente aufzuweisen scheinen (obgleich sie kein eindeutig spitzes bzw. flaches Dach haben), können dem Element Wasser zugeordnet werden.

Wasser ist das Element der Kommunikation, und alles, was mit der Übermittlung von Ideen zu tun hat, profitiert vom Einfluß des Elements Wasser. Die Literatur und die Künste, vor allem die Musik, gehören in diese Kategorie, und vielleicht ist es ein glücklicher Zufall, daß die berühmte Skyline des Opernhauses von Sydney die Charakteristika der Wasser-Form so klar erkennen läßt.

Bei modernen Konstruktionen ist die vorherrschende Verwendung von Glas ein weiterer Grund für die Zuordnung eines Gebäudes zum Element Wasser. Glas kann man jedoch nicht als einziges Baumaterial einsetzen, sondern nur in Verbindung mit einem oder mehreren anderen Materialien, beispielsweise mit Ziegeln, Metall oder Holz. Welches dieser Materialien eignet sich nun am besten für die Verwendung im Zusammenhang mit Glas, so daß die Kombination das Element Wasser repräsentiert? Wasser und Erde folgen einander in der «Bezwingungssequenz»; deshalb ist es für Gebäude, bei deren Errichtung große

Mengen an Glas verwendet werden, nicht gut, wenn die Grundkonstruktion aus Ziegeln besteht. Holz und Wasser sowie auch Metall und Wasser hingegen folgen einander in der Hervorbringungssequenz, weshalb beide Kombinationen vorzuziehen sind.

In einem Wohnhaus wird Wasser natürlich zu Reinigungszwecken gebraucht, weshalb Badezimmer, Toilette, Waschküche und Vorratskammer die profaneren Anwendungsbereiche von Wasser im materiellen Sinne sind. Doch wenn es um den metaphorischen Aspekt des Wassers geht, so eignet sich jeder Bereich, der dem günstigen Einfluß des Wassers unterliegt, als Arbeitszimmer.

Auf kommerziellem Gebiet repräsentiert das Element Wasser Post und Kommunikation, die Medien, die Werbung, die Textverarbeitung, die Computertechnologie, Elektroinstallation und Unternehmungen, bei denen Flüssigkeiten eine Rolle spielen, wie Brauerei- und Destillationsbetriebe. In den letzten hundert Jahren ist allerdings auch die Ölindustrie zu einem Teil der Domäne des Elements Wasser geworden.

Übung

Testen Sie, ob Sie dieses Kapitel über die Fünf Elemente verstanden haben, indem Sie entscheiden, welches der Fünf Elemente zu den im folgenden angegebenen Dingen oder Bereichen am besten paßt. Vergleichen Sie Ihre Antworten mit dem anschließend wiedergegebenen alphabetischen Verzeichnis.

Handel und Industrie:

Agrikultur   . . . .
Architekturbüros   . . . .
Bauunternehmen   . . . .
Brauereibetrieb   . . . .
Chemische Industrie   . . . .
Computer   . . . .
Destillation   . . . .
Elektroinstallation   . . . .
Keramik, Töpferhandwerk   . . . .
Kommunikationstechnologie   . . . .
Künstlerstudios   . . . .
Medien   . . . .
Ölindustrie   . . . .
Restaurationsbetriebe   . . . .
Textverarbeitung   . . . .
Werbung   . . . .
Zimmermannshandwerk   . . . .

Privathaushalt:

Abstellraum   . . . .
Badezimmer   . . . .
Eßzimmer   . . . .
Garage   . . . .
Kinderzimmer   . . . .
Küche   . . . .
Säuglingszimmer   . . . .
Schlafzimmer   . . . .
Waschküche   . . . .
Werkstatt   . . . .

Architektonische Formen und Besonderheiten:

Bögen . . . .
Flachdächer . . . .
Kirchtürme . . . .
Krümmungen, Kurven . . . .
Kuppeln . . . .
Mauerecken . . . .
Niedrige Gebäude . . . .
Pfeiler . . . .
Plätze . . . .
Säulen . . . .
Spitzen . . . .
Tunnel . . . .
Unregelmäßige Formen . . . .
Wachtürme . . . .
Wohnblocks . . . .

Substanzen, Materialien und Objekte:

Bäume . . . .
Blut . . . .
Ebenen . . . .
Eisenwaren . . . .
Geld . . . .
Gemüse . . . .
Glas . . . .
Hochöfen . . . .
Leder . . . .
Messer . . . .
Möbel . . . .

Index zu den Fünf Elementen

Krankenhäuser – Holz
Küche – Feuer
Künste – Wasser
Künstlerstudios – Holz
Kuppeln – Metall
Krümmungen, Kurven –
  Metall

Lagerräume – Erde
Leder – Feuer
Literatur – Wasser

Mauerecken – Feuer
Medien – Wasser
Messer – Metall
Möbel – Holz
Münzen – Metall
Musik – Wasser

Niedrige Gebäude – Erde

Ölindustrie – Wasser

Pfeiler – Holz
Pflanzen – Holz
Pfosten – Wasser
Plätze – Erde

Restaurationsbetriebe – Holz

Säuglingszimmer – Holz
Säulen – Holz
Schlafzimmer – Holz
Schmuck – Metall
Schwerter – Metall
Spitzen – Feuer

Textverarbeitung – Wasser
Tierisches Leben – Feuer
Ton – Erde
Töpferwaren – Erde
Tunnel – Erde

Unregelmäßige Formen –
  Wasser

Vieh – Feuer

Wachstum – Holz
Wachtürme – Holz
Waschküche – Wasser
Werbung – Wasser
Werkstatt – Metall
Wohnblocks – Erde
Wohnungen – Holz

Ziegel – Erde
Zimmermannshandwerk –
  Holz

4 Die Umgebung

Wir haben bereits gesehen, daß ein Standort (oder ein Gebäude) durch die fünf möglichen Arten von Umgebungs-Elementen beeinflußt wird. In der Praxis kann es sein, daß ein Standort zwei oder mehr Elementen zugeordnet wird, doch mit diesen «zusammengesetzten» Situationen werden wir uns erst später beschäftigen. Zunächst wollen wir uns den Feng-Shui-Prognosen für die fünf Grundtypen von Gebäuden oder «Standorten» innerhalb der fünf Arten von Lagen oder «Umgebungen» (bzw. «Landschaften») befassen.

Der Holz-Standort

Der vom Element Holz beherrschte Standort ist eine Konstruktion, die entweder aus Holz besteht oder dem Form-Typ des Elements Holz angehört – beispielsweise eine Säule oder ein Turm. In den folgenden fünf Fällen gehen wir von der Voraussetzung aus, daß das Gebäude ausschließlich dem Element Holz zuzuordnen ist, wie es beispielsweise bei einem hölzernen Turm der Fall wäre. Es handelt sich also nicht um gemischte Konstruktionen, die mehreren Elementen zuzuordnen wären, wie eine Steinsäule oder eine Blockhütte mit einem sehr steilen Dach (ein Zeichen für das Element Feuer).

Holz-Umgebung / Holz-Standort

Die Holz-Umgebung erkennt man gewöhnlich daran, daß die Nachbargebäude aus Holz erbaut sind, sowie am Vorhandensein von Wäldern oder an Säulenkonstruktionen.

Ein Holz-Bau in einer Holz-Umgebung ist beständig. Wenn das Element der Umgebung sich aus anderen Holz-Konstruktionen herleitet, sollte man die Funktion des geplanten Gebäudes auf die der Nachbargebäude abstimmen. Leitet sich die Holz-Charakteristik der Umgebung jedoch von einem Merkmal der Landschaft her – von hoch aufragenden, säulenförmigen Felsformationen zum Beispiel –, so eignet sich das geplante Gebäude für die verschiedensten Zwecke, die auf irgendeine Weise mit Kreativität, Ernährung, Pflege oder Landwirtschaft in Verbindung stehen. Sanatorien, Heime und Gartenbauzentren müßten in dieser Art von Umgebung besonders gut gedeihen.

Feuer-Umgebung / Holz-Standort

Die Feuer-Umgebung erkennt man an Gebäuden mit spitzen Dächern oder an Berggipfeln in der Ferne.

Holz nährt Feuer. Ein solcher Standort wird wahrscheinlich mehr an die Nachbarschaft abgeben, als er selbst empfängt; das geplante Gebäude sollte am besten eine Schule oder ein Krankenhaus sein – eine Institution also, die der Gemeinschaft etwas schenkt, statt etwas von ihr zu nehmen. Aus diesem Grund ist kommerzieller Erfolg an einem solchen Standort eher unwahrscheinlich. Für Wohnhäuser besteht in dieser Konstellation die Gefahr, durch Feuer zerstört zu werden.

Erd-Umgebung / Holz-Standort

Für die Erd-Umgebung sind Ebenen oder Gebäude mit Flachdächern typisch.

Holz zerstört Erde, indem es ihr die Nahrung entzieht und sie verdorrt zurückläßt. Diese Situation ist das Gegenteil von der oben beschriebenen, in der die Umgebung zum Wohl des Holz-Gebäudes beiträgt. Richtig genutzt, können diese Umstände den dort Lebenden sehr zugute kommen, allerdings nicht über einen längeren Zeitraum, da die günstigen Einflüsse irgendwann erschöpft wären.

Metall-Umgebung / Holz-Standort

Das Element Metall wird durch abgerundete Berge oder durch Gebäude mit markanten Kuppeln oder Bogenkonstruktionen symbolisiert.

Metall zerstört Holz. Dies gilt als potentiell gefährliche Situation, und wer einen Großteil seiner Zeit unter dem Einfluß der unheilvollen Faktoren dieser Art von Umgebung verbringen muß – entweder weil er im betreffenden Gebäude arbeitet, oder weil er darin wohnt –, unterliegt erhöhter Unfallgefahr. Da Metall außerdem das Element ist, das Geld symbolisiert, werden kommerzielle Unternehmungen an diesem Ort wahrscheinlich wenig erfolgreich sein, denn der Reichtum der Nachbarschaft würde sich gegen das persönliche Wohl derjenigen richten, die in einer vom Element Metall bestimmten Umgebung in einem Gebäude mit Holz-Charakteristik leben oder arbeiten.

Wasser-Umgebung / Holz-Standort

Die Wasser-Umgebung manifestiert sich natürlich zunächst durch das Wasser selbst, also durch Seen, Flüsse, Bäche und Teiche, aber auch durch Gebäude mit einer schwer einzuordnenden, unregelmäßigen Form.

Wasser erzeugt Holz und fördert das Wachstum. Folglich ist dies eine sehr günstige Situation, die sowohl den Erfolg kommerzieller Unternehmungen garantiert, die unter diesen Umständen in Angriff genommen werden, als auch das Wohl derjenigen, die das Glück haben, unter diesen günstigen Voraussetzungen zu leben.

Der Feuer-Standort

Feuer ist das Element des tierischen Lebens und, bezogen auf den Menschen, der Intelligenz. Die einzigen Baumaterialien, von denen man sagen kann, daß sie durch das Element Feuer repräsentiert werden, sind solche, die aus tierischen Stoffen hergestellt sind, eventuell auch von Menschenhand hergestellte. Beide Arten von Materialien kann man für Bauzwecke höchstens bei zeltähnlichen Konstruktionen verwenden. Folglich haben Gebäude mit Feuer-Charakteristik fast ausschließlich sehr spitze Dächer und scharfe, winklige Konturen.

Holz-Umgebung / Feuer-Standort

In einer ländlichen Umgebung tritt das Element Holz in Form von Wäldern auf; in einer Stadtlandschaft wird es repräsentiert durch Gebäude, die aus Holz erbaut worden sind, oder, was häufiger vorkommt, durch Gebäude mit einer typischen säulenförmigen Holz-Form oder durch eine Reihe von Pfosten oder Pfeilern, die Bestandteil eines größeren Bauwerks sind – beispielsweise einer Brückenkonstruktion oder einer Autobahn.

Holz nährt Feuer; folglich wird der Feuer-Standort durch die Holz-Umgebung positiv beeinflußt. Dies ist ein äußerst glücklicher Umstand sowohl für kommerzielle Unternehmungen als auch für Wohnzwecke, da diese Voraussetzungen im geschäftlichen Bereich finanziellen Erfolg sichern und im häuslichen Bereich Wohlstand. Man sagt, daß Kinder von Eltern, die an einem so günstigen Ort leben, sehr intelligent sind. Da die Symbolik des Feuers ein so breites Bedeutungsspektrum umfaßt – Intellekt, chemische Veränderung und tierisches Leben –, ist die Bandbreite von Transaktionen, für die eine solche Konstellation günstig ist, ebenfalls ungewöhnlich groß. Lehrinstitute, chemische Fabriken und Viehzucht profitieren von dieser Kombination von Elementen.

Feuer-Umgebung / Feuer-Standort

Die Feuer-Umgebung erkennt man an Gebäuden mit spitzen Dächern, spitzwinkligen Umrissen oder, auf dem Lande, an fernen Bergspitzen. Auch Kirchtürme sind dominierend genug, um eine Umgebung vom Feuer-Typ zu schaffen. Die Kombination Feuer-Feuer ist beständig und progressiv zugleich. Es ist eine günstige Kombination, die jedoch sehr flüchtig ist; ein kommerzielles Unternehmen würde kurze Zeit gedeihen, sich jedoch schon nach wenigen Jahren erschöpfen. Unternehmen wie Boutiquen oder Geschäften mit kurzlebigen Modeartikeln wäre deshalb ein solcher Standort besonders zu empfehlen. Im Fall eines Wohnhauses wäre die Situation günstig, falls es sich um das erste Domizil der Bewohner oder um eine Übergangslösung handelt. Ein längerer Aufenthalt in einem solchen Haus würde auf die Dauer langweilig.

Erd-Umgebung / Feuer-Standort

Die Erd-Umgebung erkennt man an Ebenen oder an niedrigen Gebäuden mit Flachdächern. Das Element Erde repräsentiert die Asche, die das Feuer zurückläßt. Wer ein Haus mit Feuer-Charakteristik in einer Erd-Umgebung baut, wird in einer glücklichen Situation leben, und man wird sich mit Dankbarkeit seiner erinnern, wenn er das Gebiet schon lange wieder verlassen hat. Diese Kombination von Elementen ist wahrscheinlich geeignet für Menschen, deren höchstes Ziel es ist, die Gunst und Verehrung ihrer Freunde und Nachbarn zu erlangen. Wer hier versucht, ein kommerzielles Unternehmen zu betreiben, wird kaum reich werden, aber man wird ihn wegen seiner Ehrlichkeit und Integrität zu schätzen wissen.

Dies ist eine ideale Situation für ein Krankenhaus, eine Schule, eine Bibliothek oder ein anderes Projekt, das dem Wohl der Gemeinschaft dienen soll.

Metall-Umgebung / Feuer-Standort

Das Element Metall wird symbolisiert durch Berge mit abgerundeter Kuppe bzw. durch Gebäude mit markanten Kuppeln oder Bogenkonstruktionen. In unserer Zeit gibt es viele Gebäude aus Metall; dabei kann es sich um Gebäude mit Eisen- oder Stahlskelett oder auch um solche mit gewellten Eisen-, Zink- oder Aluminiumdächern handeln. Das Element Feuer bezwingt das Element Metall; daraus folgt, daß gewerblich genutzte Gebäude, die entsprechend der Feuer-Form errichtet sind – also mit Spitzdächern oder mit scharf akzentuierten Winkeln, aus der Sicht der Feng-Shui-Lehre gegenüber allen anderen Element-Formen einen erheblichen Vorteil haben. Diese Begleitumstände sind günstig für jedes Unternehmen, das Profit aus der Nachbarschaft schlagen will – geeignet also für Menschen mit skrupellosem Geschäftsgebaren. Denen, die sich entschließen, an einem solchen Standort zu leben, verspricht die Kombination der Elemente gesellschaftliches Ansehen, beruflichen Erfolg und die Chance, politische oder gesellschaftliche Ämter zu bekleiden.

Wasser-Umgebung / Feuer-Standort

Die Wasser-Umgebung erkennt man am Vorhandensein von Wasser – Seen, Flüsse, Bäche, Teiche, Kanäle oder Hafenanlagen – sowie an Gebäuden von unregelmäßiger oder schwer einzuordnender Form, die keine hervorstechenden geraden Linien und Winkel aufweisen. Wasser löscht Feuer. Deshalb wäre es nicht ratsam, in einem Gebäude, das eindeutig eine Feuer-Form hat – einem Gebäude mit steilem Spitzdach oder mit markanten Winkeln –, zu wohnen oder ein Geschäft zu betreiben.

Der Erd-Standort

Heutzutage sind Gebäude vom Erd-Typ längst keine Seltenheit mehr. Dieses Element wird sowohl durch flache, quadratische oder rechtwinklige Konstruktionen repräsentiert, die die Architekten in den letzten Jahrzehnten unseres Jahrhunderts zu bevorzugen scheinen, als auch durch Gebäude, die aus «Erde» erbaut sind, wozu natürlich auch Ziegel- und Betonbauten zählen. Ziegelhäuser mit spitzen Dächern gehören aus der Sicht der Feng-Shui-Lehre jedoch dem Feuer-Typ an, weil das Hauptkriterium bei der Feststellung der Element-Charakteristik die *Form* ist, nicht das Material.

Holz-Umgebung / Erd-Standort

Die Holz-Umgebung erkennt man entweder an umliegenden Wäldern oder an Nachbargebäuden, die aus Holz erbaut sind. Gebäude mit der typischen Holz-Form (hoch und schmal) sind ungewöhnlich; aber Säulen und Pfeiler als Bestandteile einer größeren Konstruktion findet man häufig.

Holz bezwingt Erde, indem es sich von ihr ernährt. Dies wäre eine ideale Voraussetzung für ein Paar, das eine Familie gründen will, da es von der Umgebung zehren und so die eigenen physischen und spirituellen Bedürfnisse stillen könnte. Doch genauso wie Kulturpflanzen den Boden auslaugen, auf dem sie wachsen, falls beim Anbau kein Fruchtwechsel praktiziert und der Boden nicht gedüngt wird, wird auch die Nährkraft der Umgebung sich schließlich erschöpfen. Kommerzielle Unternehmen sollten versuchen, nach einigen Jahren, wenn das Geschäft sich nicht mehr so dynamisch entwickelt wie am Anfang, ihre Zielsetzung zu ändern. Familien, die in einer solchen Gegend Kinder aufziehen, sollten ihre Sprößlinge später an einen anderen Ort schicken, da diese Umgebung irgendwann deren Wachstum und intellektuelle Entwicklung nicht mehr fördert.

Feuer-Umgebung / Erd-Standort

In der Stadt erkennt man die Feuer-Umgebung an Gebäuden mit Steildächern, Winkeln und sogar Dreieckskonstruktionen. Auch Berggipfel und Kirchtürme, die die Horizontlinie dominieren, sind Zeichen für eine Umgebung vom Typ des Elements Feuer. Feuer erzeugt Erde. Dies ist eine positive Situation, da die Umgebung zum Wohle derer wirkt, die in einem Gebäude vom Erd-Typ leben oder arbeiten. Sowohl für kommerzielle Vorhaben als auch für Menschen, die in einem solchen Gebiet leben, sind die Umstände äußerst günstig, und da diese günstigen Voraussetzungen beständig sind, eignet sich diese Situation ideal als Wohnsitz für eine Familie oder für ein längerfristiges geschäftliches Unternehmen.

Erd-Umgebung / Erd-Standort

Wenn Gebäude mit Flachdächern auf einer Ebene oder zwischen ähnlichen Flachbauten stehen, handelt es sich um eine Erde-Erde-Situation. Diese ist äußerst stabil, ermöglicht aber wahrscheinlich keinerlei Fortschritte. Günstig ist diese Voraussetzung für Routinegeschäfte, große Mietshäuser und andere unspektakuläre kommerzielle Unternehmen. Erfolg ist zwar garantiert, doch es bestehen wenig Möglichkeiten für Weiterentwicklung oder Expansion. Die Situation ist weder besonders günstig noch schädlich. Um die größtmögliche Stabilität zu sichern, sollte die Funktion eines jeden Gebäudes vom Erd-Typ in einer Erd-Umgebung derjenigen der Nachbargebäude entsprechen: Folglich sollte es sich in einem Wohngebiet um ein Wohnhaus handeln, in einem Geschäftsviertel um ein kommerzielles Unternehmen.

Metall-Umgebung / Erd-Standort

Ein Gebäude mit Flachdach, das inmitten von Kuppelbauten
steht oder das in einer Landschaft von sanft geschwungenen
Hügeln liegt, befindet sich in Harmonie mit seiner Umgebung,
doch ist dies keine ideale Situation für ein kommerzielles Unternehmen. Diese Bedingungen eignen sich eher für eine Schule
oder als Wohnsitz für eine Familie, einen Ort, an dem junge
Menschen ausgebildet oder erzogen werden, so daß sie auf
irgendeine Weise der Gemeinschaft von Nutzen sein können.
Wenn ihre Ambitionen im Bereich des Militärs, der Polizei, des
Landbaus oder des Bergbaus liegen, werden sie Erfolg haben;
das gleiche gilt, wenn sie sich für die harte Welt des Business
entscheiden. Wer sich in dieser Art von Umgebung zur Ruhe
setzen möchte, wird wahrscheinlich die Erfahrung machen, daß
seine Ersparnisse rasch zur Neige gehen, und er wird seinen
Erben kaum etwas hinterlassen.

Wasser-Umgebung / Erd-Standort

Die Wasser-Umgebung erkennt man am Vorhandensein von Wasser – Flüssen, Kanälen, Seen oder Teichen. Auch Gebäude von
ungewöhnlicher Form (insbesondere Fabrikgebäude), die nicht
einem der vier anderen Elemente entsprechen (hoch, spitz, flach
oder rund), werden häufig dem Element Wasser zugeordnet.

Von Gebäuden vom Typus des Elements Erde heißt es, sie
würden ihrer Umgebung Nahrung entziehen. Bewohner solcher
Gebäude oder Geschäftsleute, die darin arbeiten, brauchen
nichts zu fürchten außer, die Wertschätzung ihrer Nachbarn zu
verlieren. Erde bezwingt Wasser. Diese Element-Kombination
verspricht Erfolg – allerdings auf Kosten der Umgebung. Erfolge
im kommerziellen Bereich und beruflicher Aufstieg sowie höhe-
res gesellschaftliches Ansehen sind zu erwarten, jedoch weder
Liebe noch Achtung. Menschen, die die zweifelhaften Vorteile
dieser Kombination nutzen, jagen einem illusorischen Glück

nach, und sie sind umgeben von falschen Freunden und Speichelleckern.

Der Metall-Standort

Die architektonische Form, die mit dem Element Metall assoziiert wird, ist der Kreis. Gebäude vom Metall-Typ haben auffällige Merkmale wie beispielsweise ein geschwungenes oder halbkreisförmig gewölbtes Dach. Ein gutes Beispiel hierfür ist der byzantinische Stil mit seinen typischen Kuppeldächern. Bogenförmige Kolonnaden gehören dem Holz-Metall-Mischtyp an, wobei die Bögen das Element Metall und die Pfeiler das Element Holz repräsentieren. Alle diese Merkmale findet man natürlich nur selten in der bescheidenen Architektur normaler Wohnhäuser, eher an öffentlichen Gebäuden wie Bibliotheken, Museen und Tempeln oder an kommerziell genutzten Bauten, die die Macht und Größe des betreffenden Unternehmens signalisieren sollen – wie es beispielsweise beim Hauptsitz einer Bank der Fall ist. Die Metall-Form eignet sich für Geschäftshäuser, da das Element Metall nicht nur das Symbol der Finanzwelt ist (wobei die runde Form möglicherweise die Münze symbolisiert), sondern auch das Symbol des Schwertes, des aggressiven Wettbewerbs.

Deshalb sollten die Leiter von Unternehmen, die vorhaben, ein Gebäude mit Metall-Charakteristik zu errichten, darauf achten, daß das Element der Umgebung günstig ist, denn andernfalls könnte der kommerzielle Erfolg der Firma von kurzer Dauer sein.

Obwohl die Metall-Form fast ausschließlich bei großen Gebäuden zu finden ist und in der Architektur normaler Wohnhäuser so gut wie nicht vorkommt, gibt es gelegentlich auch kleinere Gebäude, von denen man sagen könnte, daß sie das Element Metall repräsentieren, insbesondere wenn der größte Teil des Baumaterials metallischen Ursprungs ist, beispielsweise

Wellblech als Verschalung, Stahlträger, Metalldächer und ähnliches. Gewöhnlich werden solche Gebäude als Lagerhallen genutzt, etwa als Magazine, Stapelhäuser und Depots von Güterbahnhöfen. Lager von Warenhäusern hingegen werden oft auch aus anderen Materialien erbaut, wobei allerdings manchmal ebenfalls Metallverschalungen verwendet werden.

Man sollte jedoch nie vergessen, daß das Feng-Shui-Element prinzipiell in erster Linie in der *Form* eines Gebäudes zum Ausdruck kommt, erst in zweiter Linie im Baumaterial.

Holz-Umgebung / Metall-Standort

Ich vermute, daß kaum ein Leser dieses Buches im Augenblick plant, eine riesige, von einer großartigen vergoldeten Kupferkuppel überwölbte Basilika zu errichten, die entweder die Baumwipfel eines dichten Waldes überragt oder die Holzhütten der unterjochten Bevölkerung eines entlegenen, von Armut geplagten Landstrichs. Und doch wird genau dieses Bild suggeriert, wenn man ein Gebäude mit Metall-Charakter in einer vom Element Holz geprägten Umgebung errichtet. Denn da Holz, das Symbol des Wachstums und der Schöpfung, durch Metall – das Symbol des Geldes und des Schwertes – zerstört wird, beschwört diese Kombination von Elementen das Bild eines Despoten herauf, der die Steuern seines unterdrückten Volkes in seinem von einer Kuppel gekrönten Palast verpraßt. Solche Menschen werden wahrscheinlich kaum schlechter schlafen, wenn sie erfahren, daß ein Metall-Gebäude in einer Holz-Umgebung ein Vorzeichen für Tyrannei ist. Doch für den Aufsichtsrat einer Bank, der sich mit den Plänen für ein neues Zentralgebäude beschäftigt, könnte der Verlust der Achtung und des Vertrauens der Kundschaft durchaus ein Grund zur Besorgnis sein.

Gemäß dem Feng-Shui-Prinzip, welches besagt, daß Metall Holz bezwingt, werden Unternehmen, deren Repräsentationsbauten eine Kuppelkonstruktion aufweisen, gedeihen, wenn das

Gebäude von einem Säulenhof umgeben ist, da diese Säulen das Element Holz repräsentieren.

Das andere Extrem wäre ein bescheidener Kaufmann, der in einer Baracke mit Metallwänden in einem Dorf einen Laden eröffnet, welcher von Häusern umgeben ist, die größtenteils aus Holz erbaut sind. Ein solcher Laden wird sehr wahrscheinlich blühen und gedeihen. Generell wird man Gebäude vom Metall-Typ jedoch eher selten finden, insbesondere nicht als Wohnhäuser.

Feuer-Umgebung / Metall-Standort

Jedes Unternehmen des Finanzsektors, das in Erwägung zieht, als Zentrale ein Gebäude mit einer Kuppel zu errichten, sollte eine Umgebung meiden, die von Steildächern oder von Bergen mit spitzen Gipfeln dominiert ist, weil diese das Element Feuer repräsentieren, das Metall zerstört. Folglich stünden in einem solchen Fall die Glaubwürdigkeit und die finanzielle Sicherheit des Unternehmens auf dem Spiel.

Das Äquivalent zu dieser Element-Kombination im Bereich der Wohnhäuser läßt sich nur schwer vorstellen (vielleicht eine Wellblechhütte in den Bergen?), jedoch würde diese sich bestimmt nicht positiv auf die finanzielle Situation der Bewohner auswirken.

Erd-Umgebung / Metall-Standort

Die Erd-Umgebung erkennt man an einer flachen, eintönigen Landschaft oder an einem Stadtviertel, in dem es nur Gebäude mit Flachdächern gibt. Da Erde und Metall einander in der generativen Sequenz benachbart sind (Erde erzeugt Metall), könnte sich diese Situation als sehr erfolgversprechend für jede Firma erweisen, die sich entschließen würde, in einer solchen Gegend ein Gebäude mit einem Kuppeldach als Zentrale zu errichten. Wohnhäuser mit kuppelförmigen Dächern sind sehr ungewöhnlich, doch eine Familie, die in einem Haus wohnt, welches das Element Metall repräsentiert, würde bestimmt reich werden.

Metall-Umgebung / Metall-Standort

Die Metall-Umgebung wird durch eine Landschaft mit sanften Hügeln symbolisiert, während in einer städtischen Metall-Umgebung Gebäude mit überragenden Kuppeln oder Bogenkonstruktionen dominieren. Entspricht das Element des Standorts dem der Umgebung, so ist es in jedem Fall günstig, wenn die Funktion des betreffenden Gebäudes auf die Funktion der Nachbargebäude abgestimmt ist. Abgesehen von den Städten des Nahen Ostens und Nordafrikas, wo die Kuppeln der weiß gekalkten Gebäude helfen, das Innere der Häuser in der Wüstenhitze kühl zu halten, ist die Element-Kombination Metall-Metall nur selten zu finden.

Wasser-Umgebung / Metall-Standort

Die Wasser-Umgebung ist nicht nur am Vorhandensein von Wasser zu erkennen – Kanäle, Flüsse, Seen oder Wasserreservoire zum Beispiel –, sondern auch an Gebäuden von unregelmäßiger Form.

Metall erzeugt Wasser. Dies ist eine ungünstige Voraussetzung für ein kommerzielles Unternehmen wie beispielsweise eine Bank, da die Element-Kombination darauf hindeutet, daß ständig Geld nach außen abfließen wird. Für ein religiöses Zentrum hingegen oder sogar für ein Medienunternehmen (einen Verlag, einen Radio- oder Fernsehsender) wäre diese Situation ideal, da sie symbolisiert, daß der «Reichtum» der Trägerorganisation an die Welt verteilt wird.

Der Wasser-Standort

Durch die modernen Bautechniken ist die Vielfalt der Gebäude, die sich dem Element Wasser zuordnen lassen, erheblich größer geworden. In den alten Zeiten waren Konstruktionen aus Glas reine Phantasieprodukte; heute sind sie nicht einmal mehr etwas Besonderes. Man sollte jedoch stets daran denken, daß sich das Feng-Shui-Element vor allem in der *Form* eines Gebäudes zeigt, erst in zweiter Linie im Baumaterial. Deshalb manifestieren die rechteckigen Glastürme, die so viele unserer Stadtlandschaften dominieren, sowohl das Element Wasser als auch das Element Erde (man beachte: zwei im destruktiven Zyklus aufeinanderfolgende Elemente!), während die gräßliche Glaspyramide am Louvre das unglückliche Zusammenwirken von Feuer und Wasser darstellt.

Die Wasser-Form ist weniger leicht zu definieren, weil das Element Wasser «keine Form und trotzdem jede Form» hat. Doch man kann diese Form an Gebäuden erkennen, die ungeachtet der Tatsache, daß sie geplant wurden, nicht die normale architektonische Disziplin erkennen lassen. Herausragende Beispiele hierfür sind Gaudis Sagrada-Familia-Kathedrale in Barcelona oder das bekannte Opernhaus von Sydney. Manche werden auch die Basilius-Kathedrale vor den Kreml-Mauern auf dem Roten Platz in Moskau in diese Kategorie einordnen. Diese drei Gebäude sind bekannt für ihre bemerkenswert asymmetrische Form, das entscheidende Merkmal für das Element Wasser.

Gewöhnlich sind Gebäude, die das Element Wasser repräsentieren, im Laufe der Zeit durch immer neue Erweiterungen und Anbauten zu ihrer derzeitigen Form «gewachsen» – man hat sie also nicht schon von vornherein so geplant. Doch Strukturen mit vielen rechten Winkeln, die entstehen, wenn man eine rechteckige Erweiterung an die andere baut, repräsentieren eigentlich nicht das Element Wasser. Man beachte, daß alle drei eben erwähnten berühmten Gebäude – die Oper von Sydney, Sagrada-Familia- und Basilius-Kathedrale – Umrisse haben, die sich aus dem Zusammenspiel von Kurven ergeben.

Denken Sie daran, daß die Kennzeichen von Gebäuden vom Wasser-Typ in erster Linie Unregelmäßigkeit und Asymmetrie sind, in zweiter Linie eine fließende, natürliche Form, und erst an dritter Stelle die Verwendung eines Baumaterials, das dem Element Wasser entspricht wie beispielsweise Glas.

Wegen der ungünstigen Eigenschaften einer bestimmten Umgebung kann es manchmal wichtig sein, die dem Element Wasser zugeordneten Merkmale eines Gebäudes zu verstärken. Dies geschieht oft durch Anlegen von Zierteichen und Wasserfontänen, und zwar nicht nur außerhalb des Hauses, sondern auch im Innern.

Besucher der Stadt Hongkong entdecken in den Eingangshallen größerer Restaurants häufig Wassergärten. Auch sieht man in Bankgebäuden oder in Einkaufspassagen neben Aufzügen oft künstliche Wasserfälle. Der unwissende Beobachter mag glauben, derartige Anlagen dienten einzig und allein der Ausschmückung des betreffenden Raumes. Ihre tatsächliche Funktion jedoch ist, die positiven Feng-Shui-Aspekte dieses Gebäudes zu verstärken und jedes etwaige ungünstige *Sha* zu neutralisieren.

Holz-Umgebung / Wasser-Standort

Wasser nährt Holz. Die beiden Elemente befinden sich in Harmonie, doch die Nachbarschaft profitiert hier von einem Gebäude vom Wasser-Typ. Deshalb sollte ein solches Gebäude am besten eine Funktion erfüllen, die dem Wohl der Gemeinschaft dient. Da Wasser das Symbol der Künste, der Musik und der Medien ist, wäre dies eine ausgezeichnete Elemente-Kombination für eine Konzerthalle, ein Theater oder ein Kommunikationszentrum. Die Holz-Umgebung erkennt man gewöhnlich daran, daß die Nachbargebäude aus Holz erbaut sind, da nur wenige Gebäude die Holz-Form haben, die hoch und säulenförmig ist. In einer ländlichen Gegend wäre ein Gebäude vom Wasser-Typ ideal geeignet als Verwaltungszentrum für das umliegende Waldgebiet.

Feuer-Umgebung / Wasser-Standort

Das Element Feuer (das an Gebäuden mit spitzen Dächern in der Umgebung oder an Berggipfeln in der Ferne zu erkennen ist) wird hier durch das Element des Standorts zerstört: Wasser. Doch obgleich Wasser der Sieger ist, gilt die Kombination dieser beiden Elemente nicht als wünschenswert. Ein kommerzielles Unternehmen würde unter dieser Voraussetzung die Umgebung schädigen. Eine Familie, die in einem Gebäude vom Wasser-Typ wohnt, würde sich hervortun, zum Beispiel durch ihr Engagement in der Lokalpolitik. Doch ihre Anwesenheit würde bald als unangenehm empfunden, da man ihre Aktivität als Einmischung und ihre Versuche, die Lebensqualität in der Nachbarschaft zu verbessern, als Belästigung betrachten würde.

Erd-Umgebung / Wasser-Standort

Es ist nicht ratsam, in einem Gebäude vom Wassertyp zu wohnen oder zu arbeiten – das heißt, in einem Gebäude von unregelmäßiger oder asymmetrischer Form –, wenn dieses in einer Umgebung vom Erd-Typ steht, also entweder in einer flachen Landschaft ohne jede Abwechslung oder in einer Umgebung, die vorwiegend aus hohen oder niedrigen Gebäuden mit Flachdächern besteht. Erde und Wasser sind einander in der destruktiven Reihenfolge benachbart, wobei die Erde das Wasser verschmutzt. Wer lange Zeit unter diesen Umständen lebt, läuft Gefahr, seinen Ruf zu gefährden, da er bösartigem Gerede, Skandalen oder Feindseligkeit ausgesetzt sein wird.

Metall-Umgebung / Wasser-Standort

Wenn ein Gebäude vom Wasser-Typ, der unregelmäßigen, aber fließenden Form, in einer sanften Hügellandschaft steht, die das Element Metall repräsentiert, oder in einer Stadtlandschaft unter dem Schutz eines Gebäudes mit markant geschwungenen

Formen wie beispielsweise einer Kuppel oder Bögen, ist die Situation sowohl für kommerzielle Vorhaben als auch für Wohnzwecke äußerst günstig. Sowohl für ein Geschäftsunternehmen als auch für eine Familie, die unter so glücklichen Umständen lebt, bedeutet das Element Metall, das Wasser erzeugt, die Ansammlung von Reichtum und beständigem Wohlstand.

Wasser-Umgebung / Wasser-Standort

Wenn das Element des Standorts dem Element der Umgebung entspricht, sollte die Funktion des Gebäudes an diesem Standort jener der umliegenden Gebäude entsprechen. Doch diese allgemeine Regel trifft bei einem Gebäude vom Wasser-Typ in einer Wasser-Umgebung nur selten zu, weil Gebäude vom Wasser-Typ meist außergewöhnlich sind und eine Wasser-Umgebung fast immer das Vorhandensein von Wasser voraussetzt. Beispielsweise ist dies bei der Oper von Sydney der Fall, die deutlich sichtbar in einer Wasser-Umgebung steht.

Die Situation ist sowohl stabil als auch flexibel, wobei die Kontinuität durch die Fähigkeit, schnell Veränderungen zu bewirken, aufrechterhalten wird. Ein kommerzielles Unternehmen gedeiht und entwickelt sich erfolgreich, wenn es ihm gelingt, sich den sich ständig wandelnden Bedürfnissen der Verbraucher anzupassen.

In einem Haus vom Wasser-Typ in Wassernähe würden viele Generationen derselben Familie aufwachsen. Allerdings wären die Kinder, die in einem solchen Haus geboren werden, sehr reiselustig. Sie würden sich erfolgreich auf den Gebieten der Literatur, der Künste oder der Musik betätigen und in der Welt Karriere machen. Doch wie Zugvögel würden sie immer wieder das Bedürfnis verspüren, zu ihrem Ausgangspunkt zurückzukehren, um in der Gegend, aus der sie stammen und die sie lieben, ihre eigenen Kinder aufzuziehen.

Übung

Vervollständigen Sie die folgende Tabelle. Das wird Ihnen helfen, sich das soeben Gelesene noch einmal zu vergegenwärtigen. Entscheiden Sie, ob sich die jeweilige Umgebung (die durch die Skizzen am Kopf der Tabelle angedeutet ist) auf die in der linken Spalte angegebenen Gebäudetypen günstig, stabilisierend oder schädlich auswirken würde. Sie können Ihre Lösungen anhand der darunter stehenden vollständigen Tabelle überprüfen.

Umgebung Standort					
Holz					
Feuer					
Erde					
Metall					
Wasser					

Element der Umgebung

	Holz	Feuer	Erde	Metall	Wasser
Standort Element					
Holz	□	▼	▲	■	*
Feuer	*	□	▼	▲	■
Erde	■	*	□	▼	▲
Metall	▲	■	*	□	▼
Wasser	▼	▲	■	*	□

Schlüssel: □ *Stabil* ▼ *Schwach* ▲ *Un-glücklich* ■ *Gefahr* * *Ideal*

84

Regulierende Elemente

Wenn ein Gebäude zu einem Element gehört, das an dem Ort, an dem sich das Gebäude befindet, schädlich ist – wenn beispielsweise ein Gebäude vom Holz-Typ sich in einer Metall-Umgebung befindet –, kann man die negativen Auswirkungen ausgleichen, indem man ein *regulierendes* Element in die Situation einführt.

Ein regulierendes Element kann entweder jenes sein, welches das schädliche Element zerstört, oder das, welches das bedrohte Element erzeugt. Im eben angeführten Fall, wo das Holz durch das Metall bedroht wird, könnte man die Situation positiv beeinflussen, indem man einen Faktor einführen würde, der entweder Wasser repräsentiert, da dieses Holz erzeugt, oder Feuer, das Metall zerstört.

Die Diagramme auf den Seiten 88/89 zeigen an, wann ein Element als bedroht gelten muß und wie man solche Situationen durch Einführung eines dritten Elements korrigieren kann.

Gebäude, die zwei Elementen zuzuordnen sind

Wir haben bereits gesehen, daß manche Gebäude schon von Natur aus zwei Elementen zugeordnet werden müssen. Das gilt beispielsweise für Holzbauten mit spitzen Dächern (die dem Feuer-Typ zugeordnet werden), für Gebäude aus Stahlbeton, die sowohl Metall als auch Erde repräsentieren, und für Gebäude aus Glas (Element Wasser) und einem anderen Baumaterial, ganz gleich, ob es sich dabei um Holz, Metall oder Ziegel handelt. Solche Gebäude können sich harmonisch in ihre Umgebung einfügen, wenn die drei Elemente einander in der Hervorbringungssequenz folgen oder wenn sie einander ausgleichen, weil das regulierende Element sich entweder unter den Baumaterialien befindet oder weil es das Element der Umgebung ist.

Einführung des regulierenden Elements

Wenn das Element der Umgebung als schädlich für das Element des Standorts angesehen wird, muß man nach einer Möglichkeit suchen, ein regulierendes Element einzuführen.

Eines der am häufigsten benutzten Feng-Shui-Heilmittel besteht darin, ein Glas mit Goldfischen an die Wand gegenüber einem Fenster zu stellen, durch welches man auf eine Säule, einen Telefonmast, einen Lampenpfahl oder eine andere Art von Pfeiler schaut. Der Feng-Shui-Meister empfiehlt gewöhnlich eine ungerade Anzahl von Goldfischen, und die Farbe der Fische muß in jedem Fall rot sein, weil diese Farbe das Feuer symbolisiert. Die Erklärung für diese Maßnahme lautet: Da das Gebäude vom Element Holz bedroht wird, repräsentiert der rote Fisch im Wasser die Elemente Feuer und Wasser. Da die drei Elemente Wasser, Holz und Feuer einander im generativen Zyklus folgen, befinden sie sich im Zustand der Harmonie, so daß die Gefahr gebannt ist.

In einem einfachen Fall, in dem sowohl die Umgebung als auch der Standort durch jeweils ein Element repräsentiert wird und das Element des Standorts durch ein potentiell gefährliches Element der Umgebung bedroht wird, muß ein geeignetes Mittel gefunden werden, um ein drittes Element einzuführen. Die

Vorschläge, die Feng-Shui-Berater in solchen Situationen ihren Klienten machen, sind sehr unterschiedlich. Ebenso unterschiedlich sind die Gegenmaßnahmen, was ihre Angemessenheit, ihre Praktikabilität und ihre Kosten betrifft. Das dritte (regulierende) Element kann durch seine Feng-Shui-Farbe, durch sein Material oder durch seine Form symbolisiert werden. Die Möglichkeiten, mit diesen drei Faktoren zu spielen, sind nahezu unbegrenzt. Konkrete Ratschläge, wie man die einzelnen Elemente symbolisch repräsentieren kann, werden in einem späteren Kapitel dieses Buches gegeben.

Der Leser sollte versuchen, sich mit dem Prinzip des «regulierenden Elements» vertrauter zu machen, indem er unter Benutzung der folgenden Diagramme die Tabellen am Ende dieses Kapitels vervollständigt. Ich möchte hier anmerken, daß ich im weiteren Verlauf des Buches immer wieder auf die Erzeugungssequenz und die Zerstörungssequenz hinweisen werde, weshalb Leser, die sich jetzt mit diesen Ordnungen vertraut machen, es wesentlich leichter haben werden, die folgenden Kapitel zu verstehen.

Beispiel für regulierende Elemente (1)

(a) wird durch (b) bedroht; (c) ist das regulierende Element, weil es das bedrohende Element zerstört.

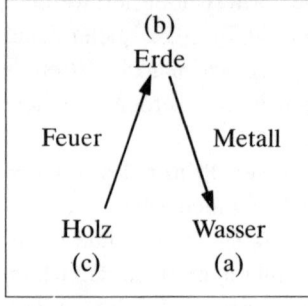
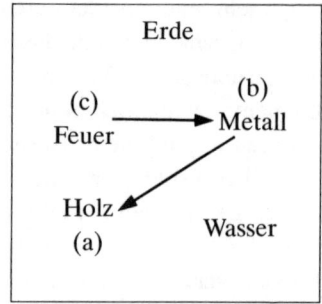

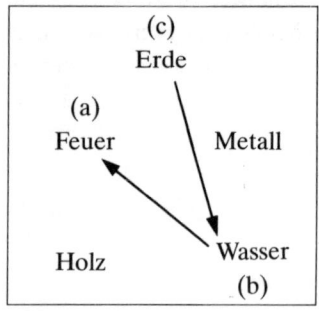
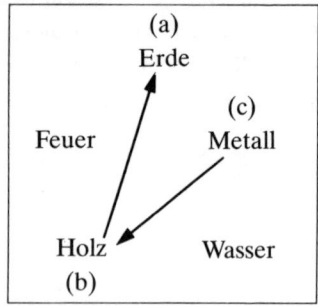

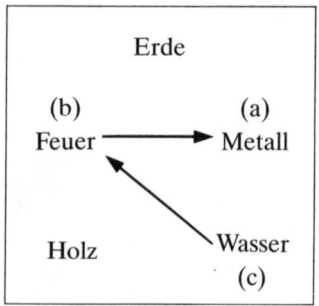

Beispiel für kontrollierende Elemente (2)

(a) wird durch (b) bedroht; (c) ist das kontrollierende Element, weil es das bedrohte Element erzeugt.

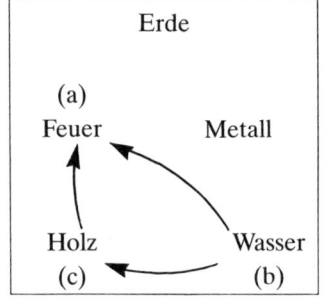

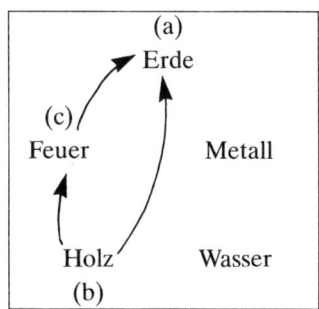

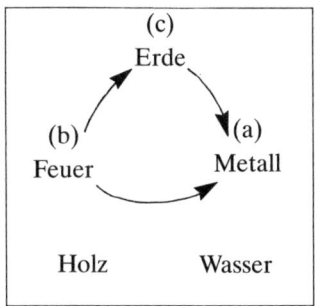

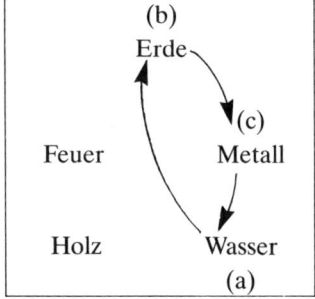

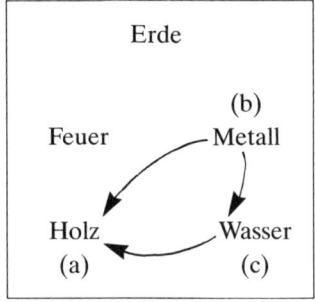

Übung

Vielleicht haben Sie Lust, den Inhalt des vorangegangenen Abschnitts nachzuvollziehen, indem Sie die folgende Tabelle ausfüllen. Sie können dann das Ergebnis mit der anschließend abgedruckten Lösung vergleichen.

Element des Standorts	Bedrohendes Element	Regulierendes Element *entweder oder*	
Holz	Metall	Feuer	Wasser
Feuer			
Erde			
Metall			
Wasser			

Auflösung

Element des Standorts	Bedrohendes Element	Regulierendes Element *entweder oder*	
Holz	Metall	Feuer	Wasser
Feuer	Wasser	Erde	Holz
Erde	Holz	Metall	Feuer
Metall	Feuer	Wasser	Erde
Wasser	Erde	Holz	Metall

5 Das Innere des Hauses: Die Trigramme und die Vorzeichen

Wir kommen nun zu einem der faszinierendsten Aspekte der Feng-Shui-Lehre: der Lokalisierung glückbringender Bereiche innerhalb des Gebäudes und der Aufdeckung ungünstiger Situationen. Für Wohnhäuser – Mietshäuser wie Einfamilienhäuser – werden wir feststellen, welche Bereiche sich am besten als Schlafzimmer, Eßzimmer oder Arbeitszimmer eignen, wobei sich die Analyse auf ganze Räume oder auf Teile eines Raums beziehen kann. Wir werden Bereiche identifizieren, von denen angenommen wird, daß von ihnen unglückbringende Einflüsse ausgehen, und die man deshalb meiden oder höchstens als Vorrats- oder Lagerraum nutzen sollte. Wir werden sogar Bereiche ausmachen, denen nachgesagt wird, daß es dort spukt. An solchen Orten können Menschen mit medialer Begabung die Geister ihrer Vorfahren beschwören!

In bezug auf Büro- oder Arbeitsräume lassen sich Bereiche identifizieren, die sich am besten für Herstellung, Verpackung oder Versand eignen, Bereiche, in denen die dort Arbeitenden erhöhter Unfallgefahr unterliegen, und Orte, die Feuer anzuziehen scheinen.

Dies ist ein wichtiger Schritt vorwärts in unserem Studium der Feng-Shui-Lehre, und es sollte uns nicht überraschen, daß er ein etwas tieferes Verständnis der Prinzipien der chinesischen Philosophie erfordert. Bevor wir daher zu den Details kommen, wollen wir uns zunächst etwas allgemeiner mit dem befassen, worum es hier eigentlich geht.

Standort und Umgebung aufeinander abstimmen

Eine Art des Einflusses der Umgebung auf den Standort haben wir bereits kennengelernt, als wir uns mit der Wirkung der Elemente der Umgebung auf jene des Standorts beschäftigten. Wir haben uns dabei prinzipiell mit *Formen* befaßt, weil wir uns an den Regeln der Formschule der Feng-Shui-Lehre orientiert haben.

Nun werden wir uns dem zuwenden, was die Kompaßschule hinsichtlich der Beziehung zwischen Umgebung und Standort lehrt. Dabei schauen wir uns die Ausrichtung des Standorts an (mit anderen Worten: Wir stellen fest, in welche Richtung sich Vorderfront, Rückfront und die beiden Seiten des untersuchten Gebäudes orientieren), und vergleichen diese mit der Ausrichtung der Umgebung oder, einfacher gesagt, mit ihrer Beziehung zum Norden. (Oder, wie die Chinesen es machen würden, zum Süden. Die Chinesen pflegten nämlich früher ihre Landkarte so zu drucken, daß der Süden oben lag – und warum auch nicht? Der Süden, der für Wärme, Wohlstand und Überfluß steht, ist eine wesentlich positivere Himmelsrichtung als der kalte, öde und windige Norden. Deshalb ist es nur logisch, wenn man dem Süden die herausragende Position zugesteht.)

Ich habe übrigens während meiner Reisen durch China alle praktizierenden Geomanten, die ich traf, gefragt, ob sie ihrer Arbeit die «korrekte» geographische Nord-Süd-Orientierung zugrunde legten oder die variable magnetische Nord-Süd-Orientierung. Alle beteuerten, sie würden die traditionelle chinesische Version vorziehen, bei welcher der Süden oben auf der Karte liegt. Es ist jedoch durchaus möglich, daß andere Feng-Shui-Praktiker heute (oder auch in früheren Zeiten) die «korrekte» (die im Westen übliche) Nord-Süd-Orientierung benutzen, die auf der Beobachtung der Stellung der Sonne am Mittag basiert.

Vergleich der Methoden von Formschule und Kompaßschule

Wenn wir den Standort nach den Prinzipien der Formschule untersuchen, können wir uns eine Meinung über die Eignung eines Gebäudes an einem speziellen Standort bilden, und wir können sogar erfahren, welche Art von Architektur man am besten für die geplante zukünftige Funktion des Gebäudes wählen sollte. Ziehen wir jedoch die Prinzipien der Kompaßschule zu Rate, so können wir, nachdem wir die Ausrichtung des Gebäudes festgestellt haben, außerdem noch entscheiden, wie sich das Innere desselben am besten nutzen läßt.

Der Standort im Hinblick auf das umliegende Gelände

Wahrscheinlich erinnern Sie sich noch daran, daß die vier Himmelsrichtungen – Osten, Süden, Westen und Norden – durch die vier aus der chinesischen Astronomie bekannten Tiere Drache, Vogel, Tiger und Schildkröte verkörpert werden. Gleichzeitig repräsentieren diese vier Tiere auch die rechte Seite, die Vorderseite, die linke Seite und die Rückseite des Gebäudes.

Deshalb gibt es meist eine «Drachen»-Position für das Gelände insgesamt und eine zweite für den speziellen Standort des Gebäudes. In diesem Kapitel geht es darum festzustellen, welchen Einfluß die Orientierung des Standorts (die Richtung, in die die Frontseite des Gebäudes weist) im Zusammenhang mit dem umgebenden Gelände hat.

Zunächst möchte ich ein Wort über den Drachen eines Geländes sagen. Selbst wenn man über unbegrenzte Geldmittel verfügt, findet man nur selten einen idealen Baugrund. Es wäre natürlich wundervoll, einen Platz mit einem dramatischen Drachen an der Ostseite und einem weniger markanten Berg im

Westen zu finden, wobei sich letzterer in die Umarmung des schützenden Drachen schmiegt. Im Norden eines solchen idealen Ortes läge ein Hain riesiger Koniferen oder ein schneebedeckter Berggipfel in der Ferne und ein wunderschöner See im Süden, an dessen Ufer, nicht zu weit vom Gebäude entfernt, sich ein gewaltiger Felsblock von gefälligem Aussehen erheben würde, den Vogel des Südens repräsentierend.

Wenn man nicht ganz so hohe Ansprüche stellt, bietet sich eine Vielzahl von Landschaftsformen in mehr oder weniger vorteilhaften Lagen an. In einem relativ günstigen Gelände dürfte beispielsweise der Drache, die Schildkröte oder der Vogel fehlen, solange ein günstig wirkender Tiger vorhanden wäre. Ganz am unteren Ende des Spektrums der Möglichkeiten stünde die übelste Art von städtischer Umgebung, in der keinerlei positive Feng-Shui-Merkmale zu erkennen sind und die nur so gespickt ist von feindseligen geheimen Pfeilen, da der betreffende Standort von einer ganzen Armee von Gebäuden umgeben ist, die verderbliches *Sha* produzieren.

Wenn das Feng-Shui des Standorts selbst günstig ist, so steigert die gut erkennbare Form eines Drachen, eines Vogels, einer Schildkröte und/oder eines Tigers im betreffenden Gelände die positiven Aspekte jener Teile des Standorts, die das *Ch'i* des Geländes empfangen. Ist der Standort hingegen generell ungünstig – vielleicht, weil ein Mangel an *Ch'i* und gleichzeitig ein Überfluß an *Sha* besteht –, so lassen sich gewisse negative Aspekte des Standorts durch die allgemein günstige Lage des Geländes ausgleichen.

Doch die Gedankengänge, aufgrund derer die Weisen früherer Zeiten berechneten, welche Richtungen die vorteilhaftesten waren, wenn ein Standort innerhalb eines bestimmten Geländes eine ganz bestimmte Orientierung hatte, waren äußerst komplex und keineswegs so logisch einsichtig, wie man vielleicht erwarten mag. Derartige philosophische Diskussionen brauchen allerdings den «pragmatisch» orientierten Feng-Shui-Schüler nicht abzuschrecken. Von größerem Interesse ist vielmehr die Anwendung der Methoden, die Feng-Shui-Praktiker benutzen. Aus diesem Grunde wollen wir uns als nächstes mit der Auswirkung der acht möglichen Ausrichtungen (also Norden, Nordosten, Osten, Südosten, Süden, Südwesten, Westen und Nordwesten) auf das Innere eines Hauses an einem bestimmten Standort beschäftigen.

Bisher haben wir uns nur mit den vier Hauptrichtungen Norden, Osten, Süden und Westen befaßt. Diesen fügen wir nun das hinzu, was die Chinesen die «vier Ecken» nennen:

Nordwesten	Norden	Nordosten
Westen		Osten
Südwesten	Süden	Südosten

Auf chinesischen Kompassen werden die acht Kompaßrichtungen stets durch spezielle Zeichen angezeigt, die «Trigramme» genannt werden. Doch bevor wir uns damit beschäftigen, wie die «Acht Trigramme» den acht Kompaßrichtungen zugeordnet werden (es gibt nämlich nicht nur *eine* Zuordnungsmethode!), müssen wir zuerst etwas über die «Acht Trigramme» selbst erfahren.

Die Acht Trigramme

Die Acht Trigramme sind heilige Embleme. Sie schmücken zum Beispiel die Nationalflagge Südkoreas so wie die Flaggen anderer Länder ein Kreuz oder ein Halbmond. Es heißt, diese Symbole habe ein himmlisches Tier auf seinem Rücken getragen, als es am Anfang der Zeit aus der Tiefe aufgetaucht sei. Sie sollen alle Geheimnisse des Universums in sich bergen. Tatsächlich hat diese Legende heute merkwürdigerweise eine besondere Bedeutung erlangt, da die Acht Trigramme in Miniaturform das Binärsystem der Mathematik repräsentieren, das zu einem unverzichtbaren Teil des modernen wissenschaftlichen Denkens geworden ist.

Die acht Symbole bestehen aus drei horizontalen Linien, die entweder gebrochen (▬ ▬) oder durchgehend (▬) sein können. Die gebrochenen Linien (▬ ▬) werden als *Yin*-Linien bezeichnet, die durchgehenden (▬) als *Yang*-Linien.

Durch Kombination dieser *Yin*- und *Yang*-Form sind bei drei Linien insgesamt acht Permutationen möglich. Jede dieser acht Varianten hat einen besonderen chinesischen Namen. Da diese Namen sehr alt sind, ist es nicht in allen Fällen möglich, das jeweilige chinesische Wort genau zu übersetzen. Selbst chinesische Gelehrte diskutieren häufig über die wahre Bedeutung der Namen, weil die entsprechenden Wörter im modernen Chinesisch in einem etwas anderen Sinn benutzt werden (ungefähr so, wie manche der heutigen deutschen Wörter vor hundert Jahren eine völlig andere Bedeutung hatten, ganz zu schweigen von der Bedeutung, die sie vor tausend Jahren gehabt haben). Es folgen die Acht Trigramme und ihre Namen:

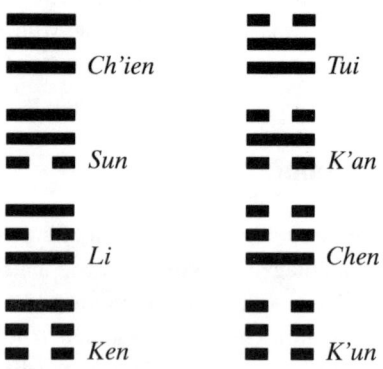

Leider ist nichts an der Tatsache zu ändern, daß die Namen der Trigramme für westliche Ohren verwirrend ähnlich klingen; und an den Linienmustern ist (zumindest auf den ersten Blick) lediglich ihr Mangel an unterscheidbaren Charakteristika bemerkenswert. Doch der Leser wird schon bald erkennen, daß jedes dieser Muster einen völlig eigenständigen Charakter besitzt. Deshalb ist es für das Verständnis der folgenden Abschnitte von Vorteil, sich diese acht Namen gut zu merken.

Übung

Die folgende Übung soll dem Leser helfen, sich die Namen der acht Trigramme einzuprägen.

1. Nennen Sie die fehlenden Trigramme:
(a) *K'an, Ken, Ch'ien, Chen, Sun, K'un, Li*...
(b) *K'an, Sun, Ken, K'un, Chen, Tui, Ch'ien*...
(c) *K'an, Ken, Chen, Sun, Li, K'un*...
(d) *K'an, Ch'ien, Tui, K'un, Li, Sun*...
(e) K'an, Ken, K'un, Sun...

2. Nennen Sie die Namen der folgenden Trigramme:

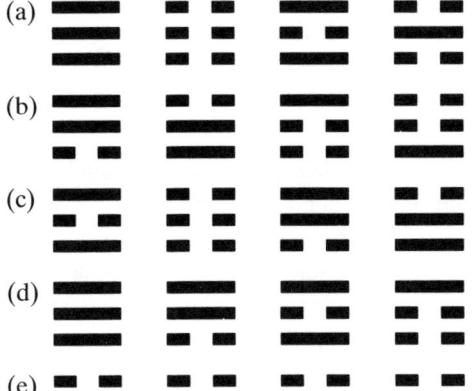

Antworten

1. (a) *Tui (b) Li* (c) *Ch'ien, Tui* (d) *Chen, Ken*
   (e) *Ch'ien, Chen, Tui, Li*
2. (a) *Ch'ien, K'un, Li, K'an* (b) *Sun, Tui, Ken, Chen*
   (c) *Li, K'un, Sun, Tui* (d) *Ch'ien, Sun, Li, Ken*
   (e) *Chen, K'un, Tui, K'an*

Die Trigramme verstehen

Vielleicht am leichtesten zu merken sind die vier Muster, die in Beispiel (a) der Übung 2 dargestellt sind. Dabei handelt es sich um das Trigramm mit drei ungebrochenen Linien [☰], *Ch'ien*, das mit den drei gebrochenen Linien [☷], *K'un*, das, bei dem zwei durchgehende Linien eine gebrochene einschließen [☲], *Li,* und das, bei dem die beiden gebrochenen Linien eine durchgehende einschließen [☵], *K'an.* Sie werden schon bald feststellen, daß diese bei Feng-Shui-Berechnungen eine wichtige Rolle spielen.

Wir wollen nun versuchen, diese vier Trigramme mit bestimmten Bedeutungen in Verbindung zu bringen.

Sicherlich erinnern Sie sich noch daran, daß die durchgehenden Linien *Yang*-Linien sind und männliche Attribute haben, während die gebrochenen Linien *Yin*-Linien sind und weibliche Attribute haben. *Ch'ien* [☰] mit drei durchgehenden Linien, das den stärksten *Yang*-Charakter hat, kann deshalb als Vater-Trigramm bezeichnet werden. *K'un* [☷] hingegen, das Trigramm mit der stärksten *Yin*-Charakteristik, repräsentiert die Mutter.

Wenden wir uns nun den beiden anderen «Haupt»-Trigrammen, *Li* und *K'an*, zu. *Li* hat zwei *Yang*-Linien, die eine *Yin-*

98

Linie umschließen. Man kann sich in diesem Fall vorstellen, daß die Macht des Himmels (die als *Yang* gilt) die Erde umarmt, und da die Kräfte des Himmels sich durch die Sonne manifestieren, die sich im Süden auf dem Gipfelpunkt ihrer Kraft befindet, repräsentiert *Li* Sonne, Hitze und die Himmelsrichtung Süden. Aufgrund der gleichen Argumentation muß das *K'an*-Trigramm die Kälte und den Norden repräsentieren, da es das genaue Gegenteil von *Li* darstellt.

Ebenso wird jedem der Acht Trigramme eine spezielle Symbolik, Bedeutung und Wirkung zugeschrieben. Die chinesische Philosophie lehrt, daß alle Objekte, materielle wie abstrakte, sich auf *Yin* oder *Yang* zurückführen lassen. Ist das bloße Theorie? Die großartigste Musik wird heutzutage mit Hilfe der digitalen Aufnahmetechnik ausschließlich durch positive und negative Impulse perfekt reproduziert. Ebenfalls mittels des binären Systems beschäftigen sich Computer mit unglaublich komplizierten Problemen, indem sie sie auf eine Folge von Plus- und Minus-Impulsen reduzieren. Selbst das menschliche Denken entsteht aufgrund von positiven und negativen elektrischen Ladungen durch die Neuronen des Gehirns. Deshalb betrachtet man die Acht Trigramme als die primären Bausteine des gesamten Universums.

Die drei Linien jedes Trigramms werden von unten nach oben gelesen. Und da die unterste Linie die Basis ist, ist es logisch, daß Trigramme, bei denen sich unten eine durchgehende Linie befindet, als stabiler gelten als solche, die unten eine *Yin*-Linie haben. Wenn deshalb ein Trigramm auf ein anderes trifft, so ist die Folge davon entweder eine Tendenz zu größerer Stabilität oder zu Bewegung und Veränderung.

Wir haben bereits einen kurzen Blick darauf geworfen, wie die Symbolik von vier der Acht Trigramme entstanden ist. Wenn wir später das Feng-Shui eines Standorts untersuchen wollen, werden wir uns mit der Symbolik jedes der Acht Trigramme noch vertrauter machen. Zunächst jedoch müssen wir wissen, welches Trigramm welcher der Acht Richtungen zugeordnet wird.

Die Himmelsrichtungen der Trigramme

Leser mit mathematischen Ambitionen wissen, daß die Zahl der potentiellen Anordnungen der Acht Trigramme gleich 1 x 2 x 3 x 4 x 5 x 6 x 7 x 8 oder 40 320 ist. Unter diesen Möglichkeiten mag als die logischste Folge jene erscheinen, die mit *K'un* (den drei gebrochenen Linien) beginnt und mit *Ch'ien* (den drei durchgehenden Linien) endet. Die chinesischen Weisen früherer Zeiten jedoch waren anderer Ansicht, und zwar vor allem deshalb, weil *K'un* und *Ch'ien* einander benachbart wären, wenn man sie in dieser Reihenfolge in einem Kreis anordnen würde, und das galt als unpassend.

Statt dessen bevorzugte man zwei andere Anordnungen, von denen man die eine als «pränataler (vorgeburtlicher) Himmel» und die andere als «postnataler (nachgeburtlicher) Himmel» bezeichnete. Die Anordnung «pränataler Himmel» sieht man gewöhnlich auf Talismanen und Spiegeln, die bösartiges *Sha* fernhalten sollen. Hingegen ziert die Anordnung «postnataler Himmel» die Kompaßscheiben der chinesischen Seeleute.

Wir wissen bereits, daß zwei der Trigramme, *K'an* und *Li*, dem Norden und Süden zugeordnet werden können, und tatsächlich findet man sie auf den Kompaßscheiben in diesen Positionen. Nun könnte man meinen, daß die Trigramme, die am logischsten zur Nord- und zur Süd-Position passen, zwei Trigramme mit drei gleichartigen Linien sein müssen: *K'un* mit den drei unterbrochenen Linien repräsentiert den Norden, und *Ch'ien* mit den drei durchgehenden Linien repräsentiert den Süden. Dies ist tatsächlich in der Sequenz des «pränatalen Himmels» der Fall, die für Talismane verwendet wird. Doch teilweise aus den oben erläuterten Gründen und insbesondere wegen bestimmter Passagen im *I Ging* (das als heiliger Text gilt), stehen *Ch'ien* und *K'un* stets für den Nordwesten bzw. den Südwesten.

Die beiden Anordnungen der Acht Trigramme sehen daher wie folgt aus:

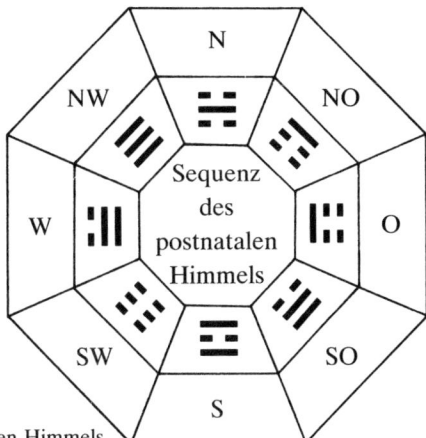

Die Sequenz des postnatalen Himmels

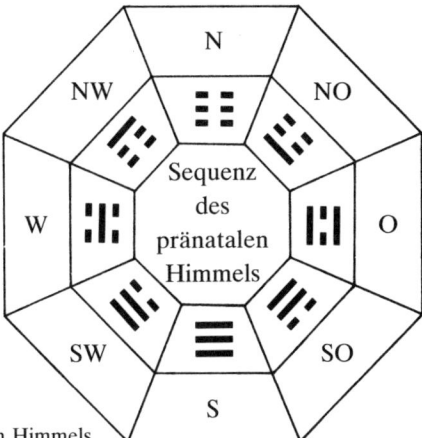

Die Sequenz des pränatalen Himmels

In der Sequenz des postnatalen Himmels stehen die entgegengesetzten Trigramme einander nicht gegenüber. (Die Trigramme werden von innen nach außen gelesen.)

Man beachte, daß in der Sequenz des pränatalen Himmels die entgegengesetzten Trigramme einander gegenüberliegen.

Die Trigramme und Feng-Shui

Die Tatsache, daß zwei Trigramm-Sequenzen existieren, zeigt, daß keine Position absolut festgelegt ist, obgleich man sagen kann, daß es für jedes Trigramm eine Standardposition gibt. Die Namen der Trigramme bleiben jedoch stets unverändert und mit diesen auch die Symbolik, ganz gleich, wo sie auftauchen mögen. Das Trigramm mit den drei durchgehenden Linien ist immer *Ch'ien*, und es ist immer das Symbol des Kreativen, des Männlichen und des Himmels, während das mit den drei unterbrochenen Linien immer *K'un* ist und das Nährende, das Weibliche und die Erde repräsentiert. Entsprechend dieser Symbolik kann man für den Einflußbereich jedes Trigramms die angemessenste Form von Aktivität (in der häuslichen Umgebung beispielsweise Essen, Schlafen, Arbeit, Studieren, Kochen, Lagern usw.) auswählen. Ebenso kann man bei gewerblich genutzten Gebäuden den einzelnen Trigrammen unterschiedliche Aktivitäten wie Entwurf, Herstellung, Auftragsbearbeitung, Verkauf, Lagerung und Versand zuordnen.

Doch man ordnet den Trigrammen nicht nur verschiedene Aktivitätsbereiche, sondern auch Familienbeziehungen zu. Wir wissen bereits, daß die Trigramme *Ch'ien* und *K'un* das Vater- bzw. das Mutter-Trigramm sind. Wenn wir uns das Trigramm *Li* anschauen, so sehen wir, daß die mittlere Linie *Yin* ist, also eine weibliche Linie; dies erinnert daran, daß *Li* die «mittlere» Tochter repräsentiert, nie die jüngste oder die älteste. Entsprechend steht *K'an*, das Trigramm mit einer durchgehenden Linie in der Mitte und je einer *Yin*-Linie oben und unten, für den mittleren Sohn.

Wir können uns nun die Symbolik aller Acht Trigramme anschauen.

Trigramm	Symbol	Familien-beziehung	Eigenschaft	Sequenz des pränatalen Himmels	Sequenz des postnatalen Himmels	Element
☰ *Ch'ien*	Himmel	Vater	Autorität	S	NW	Metall
☴ *Sun*	Wind	Älteste Tochter	Wachstum, Handel	SW	SO	Holz
☲ *Li*	Hitze	Mittlere Tochter	Feuer	O	S	Feuer
☶ *Ken*	Berg	Jüngster Sohn	Hindernisse	NW	NO	Erde
☱ *Tui*	Meer	Jüngste Tochter	Freude	SO	W	Metall
☵ *K'an*	See	Mittlerer Sohn	Räder, Gefahr	W	N	Wasser
☳ *Chen*	Donner	Ältester Sohn	Geschwindigkeit, Straßen	NO	O	Holz
☷ *K'un*	Erde	Mutter	Nähren	N	SW	Erde

Übungen

Welche Eigenschaften werden mit den folgenden Trigrammen assoziiert?

Beispiel: Ch'ien	☰	Autorität
(a)	☵	
(b)	☶	
(c)	☷	
(d)	☳	

Welche Trigramme werden mit den folgenden Eigenschaften in Verbindung gebracht?

Beispiel: Freude   *Tui*   ☱

(a) Autorität
(b) Nähren
(c) Feuer
(d) Hindernisse

Vervollständigen Sie die folgende Skizze entsprechend der Sequenz des postnatalen Himmels. (In diesen Beispielen sind die Trigramme wieder von innen nach außen zu lesen, so daß die untersten Linien jene sind, die dem Kreismittelpunkt am nächsten liegen.)

104

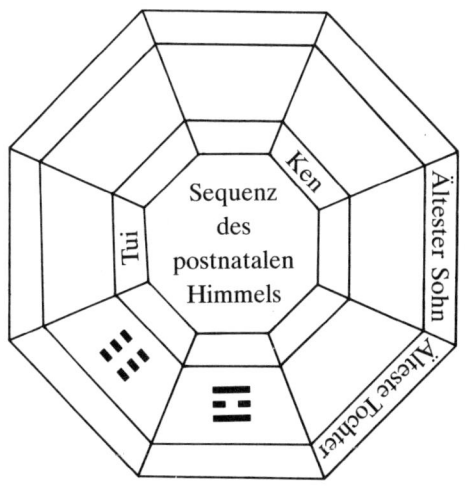

Vervollständigen Sie die folgende Anordnung der Acht Trigramme für einen Talisman entsprechend der Sequenz des
pränatalen Himmels.

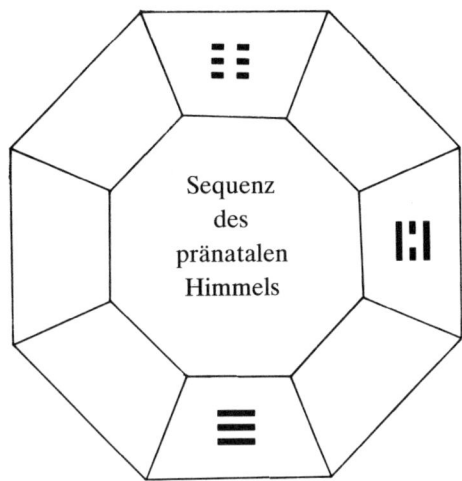

105

Die Acht Richtungen

In der Kompaßschule der Feng-Shui-Lehre klassifiziert man Gebäude entsprechend einem der acht Haupttypen, je nach Orientierung der Eingangstür. Gebäude, deren Frontseite nicht in eine dieser acht Richtungen weisen, klassifiziert man entsprechend der Himmelsrichtung, der die Eingangstür am nächsten liegt. Später werden wir noch einen genaueren Blick auf den chinesischen Kompaß werfen, was uns ermöglichen wird zu entscheiden, wie bei Gebäuden zu verfahren ist, deren Orientierung genau zwischen zweien der Acht Hauptrichtungen liegt – etwa Südosten oder Ost-Südosten. Für den Anfang jedoch sollten wir uns an die Acht Hauptrichtungen halten.

In der Feng-Shui-Terminologie werden die acht möglichen Richtungen, in die ein Gebäude weisen kann, nach den ihnen zuzuordnenden Acht Trigrammen benannt, entsprechend der Sequenz des postnatalen Himmels. Das folgende Diagramm soll den Leser an die Namen der Acht Trigramme erinnern.

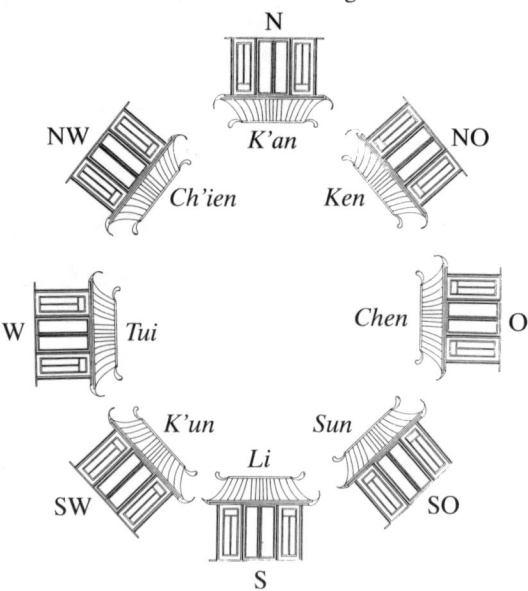

Die Vorzeichen

Stellen wir uns den Grundriß des Gebäudes in neun Quadrate unterteilt vor:

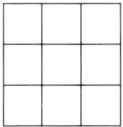

In die acht äußeren Abteilungen oder Räume kann man jeweils das Trigramm plazieren, das der Orientierung des Gebäudes entspricht, wobei natürlich die Richtung, in die der Eingang weist, für die Kompaßrichtung des gesamten Gebäudes entscheidend ist. Der Teil in der Mitte weist in keine Richtung, und in traditionell gebauten chinesischen Gebäuden befindet sich an dieser Stelle immer ein Innenhof. Deshalb ist hinsichtlich der Richtung keines der Trigramme für diesen Teil relevant.

Die Kompaßschule der Feng-Shui-Lehre erklärt, daß es in jedem Gebäude Bereiche gibt, die von Natur aus wesentlich günstiger sind als andere, und daß es ebenso Bereiche gibt, die sich sehr nachteilig auf das Wohl der Menschen auswirken, die dort längere Zeit leben oder arbeiten. Daß bestimmte Bereiche positive oder negative Auswirkungen haben, hat nichts mit den Lichtverhältnissen, mit der physischen Sicherheit, mit der Belüftung, der Möblierung oder mit was auch immer sonst zu tun, sondern es hängt einzig und allein von der Ausrichtung des Gebäudes im Zusammenhang mit der Art der Umgebung ab.

Die Weisen des Altertums beurteilten verschiedene Bereiche als günstig bzw. ungünstig aufgrund der Resultate, die sie erhielten, wenn sie die Trigramme der Sequenz des pränatalen Himmels denen der Sequenz des postnatalen Himmels «überlagerten» und die sich so ergebenden Konjunktionen von Trigrammen auf ihr harmonisches Zusammenspiel bzw. auf ihre Disharmonie hin untersuchten.

Die glückverheißenden Bereiche im Innern eines Hauses oder Gebäudes haben spezielle Namen:

Nien Yen	Langlebigkeit
Shen Ch'i	Vitalität
T'ien I	Himmlische Monade (oder Himmlischer Heiler)

Und natürlich haben auch die ungünstigen Bereiche Namen:

Hai Huo	Unfälle und Mißgeschick
Chüeh Ming	Lebensende
Wu Kuei	Fünf Geister
Liu Sha	Sechs Flüche

Übrig bleibt der Eingangsbereich. Der Bereich über dem Eingang im Obergeschoß gilt weder als günstig noch als ungünstig.

Die Konjunktionen, die sich aus den Trigrammen für jede Richtung der Umgebung und aus den Trigrammen des Gebäudes selbst zusammensetzen, ergeben die Sieben Vorzeichen, die oben aufgelistet sind (wenn man den Eingangsteil mitrechnet, sind es Acht Vorzeichen).

Die Methode, nach der die Vorzeichen mit den einzelnen Richtungen in Zusammenhang gebracht werden, ist nicht unmittelbar einleuchtend, da sie sich aus der Interaktion der Sequenzen des pränatalen und des postnatalen Himmels herleiten. Der Leser sollte sich deshalb die folgende graphische Darstellung genau anschauen und auf die Besonderheiten der «Migration» der Sieben Vorzeichen achten. Es ist jedoch nicht nötig, sich diese Diagramme genau zu merken; sie werden an späterer Stelle im Buch noch einmal wiedergegeben.

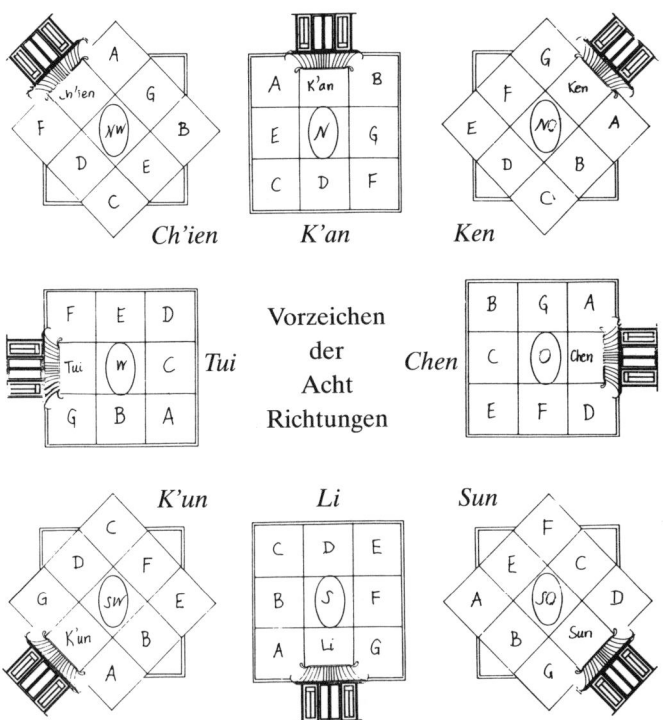

Die Verteilung der Sieben Vorzeichen basiert auf deren Anordnung im grundlegenden «Süd»-Arrangement eines Gebäudes vom *Li*-Typ.

Die Acht Richtungen und ihre Vorzeichen

1. Das nach Süden orientierte Gebäude (*Li*-Typ)
2. Das nach Südwesten orientierte Gebäude (*K'un*-Typ)
3. Das nach Westen orientierte Gebäude (*Tui*-Typ)
4. Das nach Nordwesten orientierte Gebäude (*Ch'ien*-Typ)
5. Das nach Norden orientierte Gebäude (*K'an*-Typ)
6. Das nach Nordosten orientierte Gebäude (*Ken*-Typ)
7. Das nach Osten orientierte Gebäude (*Chen*-Typ)
8. Das nach Südosten orientierte Gebäude (*Sun*-Typ)

Schlüssel-Buchstabe	Vorzeichen
A	Sechs Flüche
B	Fünf Geister
C	Lebensende
D	Langlebigkeit
E	Unfälle und Mißgeschick
F	Vitalität
G	Himmlische Monade (Himmlischer Heiler)
H	*(Die Richtung, in die die Vorderfront des Gebäudes weist.)*

Die Vorzeichen

(A) *Sechs Flüche:* Dieser Bereich wird manchmal auch anders bezeichnet, beispielsweise als die Sieben Kobolde oder der Siebte Fluch. In der Astrologie wird dieser Name aus der Tatsache abgeleitet, daß dieser Bereich einer der sieben Sterne des Großen Bären ist, der vom Geburtsstern (d. h. dem Stern des Geburtsorts) in einer gewissen Entfernung und damit in einer bestimmten Konstellation zu diesem liegt. Dadurch übt dieser Stern auf den Stern des Geburtsorts eine negative Wirkung aus. Er kündigt ein Ereignis an, das man siebenmal beklagen muß –

wobei es sich allerdings manchmal lediglich um einen kleineren Rückschlag handelt.

(B) *Fünf Geister:* Die Fünf Geister sind Geister von Verstorbenen, im Gegensatz zu nichtmenschlichen, übernatürlichen Wesen wie den eben erwähnten Sieben Kobolden. Folglich ist zu erwarten, daß es in dem nach diesem Vorzeichen benannten Bereich spukt. Man sollte dort eine Gedenktafel für die Ahnen aufstellen, Familienfotos oder einen Altar zum Schutz des Hauses. Im Idealfall sollten diesen Raum Medien zur Kommunikation mit den Geistern der Verstorbenen benutzen.

(C) *Lebensende:* Dieses Vorzeichen bezieht sich auf den Tod. Es ist also äußerst unheilvoll, wenn sich hier das Schlafzimmer eines Kranken befindet. Man sollte einen solchen Bereich als Lagerraum nutzen. In manchen chinesischen Wohnungen oder Gebäuden ist bewußt jene Ecke «ausgespart», die diesem ungünstigen Vorzeichen zugeordnet wird.

(D) *Langlebigkeit:* Das Vorzeichen dieses Bereichs ist, wie der Name schon andeutet, dem des vorigen genau entgegengesetzt. Dies ist ein idealer Ort zum Leben, Arbeiten und Schlafen. Man könnte hier das Haupt-Schlafzimmer einrichten.

(E) *Unfälle und Mißgeschick:* In diesem Bereich besteht erhöhte Unfallgefahr. Man sollte deshalb unbedingt darauf achten, entsprechende Sicherheitsvorkehrungen zu treffen. Dieser Bereich ist am besten als Lagerraum geeignet, und es sollte dort nur ein Minimum an Aktivitäten stattfinden. Angesichts der drohenden Gefahren wäre es sehr unklug, einen solchen Ort für die Küche, das Badezimmer oder das Kinderzimmer zu wählen.

(F) *Vitalität:* Dieser Raum ist voll von energiespendender Vitalität. Er sollte so genutzt werden, daß die günstigen Kräfte auf die vorteilhafteste Weise kanalisiert werden können – zum Beispiel als Arbeitszimmer oder als Studierzimmer. Ein idealer Platz auch für das Studio eines künstlerisch oder wissenschaftlich Tätigen.

(G) *Himmlische Monade (Himmlischer Heiler):* Dies ist ein günstiger Ort, und da es von ihm heißt, er neutralisiere bösartige

Kräfte, sollte er von denen genutzt werden, die irgendein Unglück erlebt oder Leid durchgemacht haben und glauben, sich körperlich, geistig, spirituell oder sogar finanziell regenerieren zu müssen.

(H) *Die Richtung, in die das Gebäude orientiert ist:* Die Vorzeichen sind in diesem Fall günstig. Wenn es sich um ein oberes Stockwerk handelt, um einen Raum, der direkt über der Eingangstür liegt, so eignet sich dieser als Studierzimmer oder als zusätzliches Schlafzimmer.

Ob ein bestimmtes Familienmitglied ihn benutzen sollte, kann anhand der Tafel der Beziehungen der Acht Trigramme entschieden werden (siehe S. 117/118). In einem späteren Kapitel werden wir dann noch sehen, wie man das Horoskop eines Menschen auf die Orientierung des Hauses abstimmen kann, und auch der neutrale Aspekt der Ausrichtung des Eingangs wird dort erneut aufgegriffen.

Übungen

Wie würde ein Feng-Shui-Berater in den folgenden Fällen verfahren? Die Antworten sind alle in den vorangegangenen Abschnitten enthalten. Wenn Sie sich für eine Antwort entschieden haben, können Sie das Ergebnis mit den anschließend angegebenen Lösungen vergleichen.

1. Eine Familie ist in ein nach Norden orientiertes Haus gezogen, und man hat für das Elternschlafzimmer einen Raum im rückwärtigen Teil des Hauses gewählt. Ist das eine gute Lösung?

2. Herr Lang besitzt ein Haus, dessen Eingang nach Osten orientiert ist. Auf der Westseite des Hauses befindet sich eine Küche und in der Südwestecke ein Lagerraum. Frau Lang würde die Küche gern durch Einbeziehung des Abstellraums erweitern. Ist dies ratsam?

3. Der Eingang zum Haus der Familie Lee ist nach Südwesten orientiert. Zu beiden Seiten des Eingangs liegt jeweils ein kleiner Empfangs- bzw. Garderobenraum, und Herr Lee möchte gern einen dieser beiden Räume als Büro und Arbeitszimmer nutzen. Welcher wäre geeigneter dafür?

4. Familie Chang lebt im traditionellen chinesischen Stil und ist gerade in eine kleine Wohnung vom *Tui*-Typ umgezogen, in der praktisch jeder Raum eine von vornherein festgelegte Funktion hat. Die Familie möchte an einem geeigneten Ort einen kleinen Altar errichten. Wo würden Sie diesen aufstellen?

5. Die alte Mutter von Herrn James besucht ihren Sohn gelegentlich. Es gibt ein Gästeschlafzimmer im oberen Stockwerk über der nordwestlich orientierten Eingangshalle. Wäre dieser Raum als Schlafzimmer für die Mutter geeignet?

Begründung

1. Die Rückfront eines nach Norden orientierten Hauses vom *K'an*-Typ ist der Süden. Wenn wir uns das *K'an*-Diagramm auf Seite 109 anschauen, sehen wir den Buchstaben D in der Südposition. Aus der Zuordnungstabelle der Buchstaben und Vorzeichen können wir ersehen, daß D Langlebigkeit repräsentiert, es sich also um einen idealen Ort für das Haupt-Schlafzimmer handelt.

2. In dem nach Osten orientierten Haus vom *Chen*-Typ befindet sich die Küche derzeit in Position C, der Vorratsraum hingegen in Position E. Diese Positionen entsprechen den Vorzeichen «Lebensende» und «Unfälle und Mißgeschick». Wenn Frau Lang sich entscheidet, die Küche zu erweitern, muß sie mit Neuinstallationen jeder Art äußerst vorsichtig sein und auch auf Dauer Sicherheitsvorkehrungen verschiedenster Art treffen.

3. Rechts vom Eingang in der nach Süden orientierten Garderobe befindet sich das Vorzeichen A, die Sechs Flüche, und links, in dem nach Westen orientierten kleinen Empfangsraum, das Vorzeichen G, die Himmlische Monade (Himmlischer Heiler). Würde der nach Süden hin ausgerichtete Raum zum Studierzimmer, so wäre der Benutzer ständig kleineren Irritationen ausgesetzt; in dem nach Westen orientierten Raum hingegen wäre die Atmosphäre wesentlich kreativer.

4. Der geeignetste Ort für einen Hausaltar wäre derjenige, wo sich das Vorzeichen der Fünf Geister befindet, was in einem Gebäude vom *Tui*-Typ (nach Westen orientiert) die Position B ist (also der nach Süden liegende Teil).

5. Der Bereich über dem Eingang in einem mehrstöckigen Gebäude ist weder günstig noch ungünstig, weshalb man ihn ohne weiteres als Gästeschlafzimmer benutzen kann.

6 Heim und Horoskop

Wir wenden uns nun einer weiteren faszinierenden Facette der Feng-Shui-Lehre zu: Wie kann man ein Haus so ausrichten (und einrichten), daß es der Persönlichkeit des Bewohners entspricht? Dies geschieht mit Hilfe eines speziellen Feng-Shui-Horoskops. Das Feng-Shui-Horoskop gibt Auskunft darüber, welche Richtungen für eine bestimmte Person am günstigsten sind. Ein Haus, das in eine bestimmte Richtung orientiert ist, kann für den einen generell günstiger sein als für den anderen. Bei der Ermittlung der Vorzeichen für ein bestimmtes Haus können sich Räume, die allgemein als ungünstig gelten, für den Menschen, der dort leben will, als günstig erweisen. Andererseits kann es sein, daß Räume, die aufgrund der Ausrichtung des Gebäudes generell als energiespendend und stimulierend gelten, von einer bestimmten Person, die das Haus beziehen möchte, besser gemieden werden sollten.

Deshalb ist es notwendig, zwei Listen mit Informationen zusammenzustellen – eine für das Haus und eine zweite für den potentiellen Bewohner – und sie miteinander zu vergleichen. Anhand dieser Informationen läßt sich das Haus im Hinblick auf den potentiellen Bewohner exakt beurteilen. Ein Gebäude kann für den einen ideal sein, während es für den anderen ungünstig ist.

In China ist es üblich, das Feng-Shui-Horoskop für das Familienoberhaupt zu erstellen. Auch heute noch ist das in China in jedem Fall der Vater bzw. der Ehemann. Es gibt jedoch nicht den geringsten Grund, dieses Horoskop nicht auch für eine Frau zu erstellen, wenn sie das Oberhaupt der Familie ist. Noch besser ist allerdings, bei der Berechnung beide Partner zu berücksichtigen. Das Procedere ist in allen Fällen das gleiche, und es ist faszinierend, auf diese Weise festzustellen, daß Räume oder Bereiche im Haus, die für den einen Partner geeignet sind, für den anderen ungünstig sein können, oder, in anderen Fällen, daß die Räume sich für beide Partner als gleich günstig bzw. ungünstig erweisen. (Um Enttäuschungen vorzubeugen, möchte ich darauf hinweisen, daß ein «Feng-Shui-Horoskop» nichts weiter ist als eine Folge von Berechnungen, die es dem Geomanten ermöglichen, die günstigste Richtung für Reisen oder für einen Wohnsitz zu ermitteln, wobei die Berechnungen auf dem Geburtstag des Betreffenden basieren. Es handelt sich also keineswegs um eine «Charakterdeutung» der Art, wie man sie gewöhnlich von einem astrologischen Horoskop erwartet!)

In diesem Kapitel beschäftigen wir uns zunächst mit einigen Aspekten des chinesischen Kalenders, auf dem das Feng-Shui-Horoskop basiert. Anschließend gehen wir Schritt für Schritt die Berechnungen durch. Sie sind nicht sonderlich kompliziert und werden Ihnen keine Schwierigkeiten bereiten. Und schließlich wollen wir sehen, wie man das Horoskop des Haushaltsvorstands oder die Horoskope beider Partner zu den Vorzeichen des Gebäudes selbst in Beziehung setzen kann.

Die Neunerregel und das *Lo Shu*

Zentral für das Verständnis des Feng-Shui-Horoskops ist die sogenannte Neunerregel. Dabei handelt es sich um die Beobachtung – die übrigens auch in der westlichen Numerologie bekannt ist –, daß sich alle mehrstelligen Zahlen auf eine einstellige Zahl zwischen 1 und 9 reduzieren lassen, indem man ihre einzelnen Ziffern addiert – also die Quersumme bildet.

Die chinesische Numerologie ist sehr alt. Sie wird schon in Texten, die mindestens auf das 2. Jahrhundert v. Chr. zurückgehen, erwähnt. Beispielsweise gilt dies für das *Buch des Prinzen Huai Nan* und vor allem für das *I Ging*, die beide aus dem 6. Jahrhundert stammen. Manuskripte aus dem 8. Jahrhundert, die in den Klöstern von Tun Huang gefunden wurden, enthalten viele Einzelheiten über die wichtige rituelle Bedeutung der

Neun-Ziffern-Numerologie. Die Legende jedoch verlegt die Entdeckung der Neun-Ziffern-Numerologie zurück bis zum Anbeginn der Zeit: Angeblich soll der Weise Fu Hsi im Muster des Panzers einer Schildkröte, die aus dem Fluß Lo auftauchte, ein magisches Quadrat aus neun Zahlen entdeckt haben, bei welchem die Addition jeder horizontalen, vertikalen und diagonalen Reihe zum gleichen Ergebnis führt: 15. Deshalb wird das magische Quadrat im Chinesischen *Lo Shu* genannt, das Buch (vom Fluß) Lo.

Jede dieser Zahlen, außer der Fünf in der Mitte, weist in eine der Acht Richtungen. Folglich läßt sich jede Zahl von 1 bis 9 mit einem der acht sekundären Kompaßpunkte assoziieren und infolgedessen auch mit einem der Acht Trigramme.

Zunächst rufen wir uns die Namen der Trigramme wieder ins Gedächtnis, die mit den einzelnen Richtungen verbunden sind, und entnehmen dem magischen Quadrat die den einzelnen Richtungen entsprechenden *Lo-Shu*-Zahlen. Anschließend können wir die Trigramme in der Reihenfolge der *Lo-Shu*-Zahlen anordnen.

Somit können wir diese Tabelle:

Norden	*K'an*	1	
Nordosten	*Ken*	8	
Osten	*Chen*	3	
Südosten	*Sun*	4	
Süden	*Li*	9	
Südwesten	*K'un*	2	
Westen	*Tui*	7	
Nordwesten	*Ch'ien*	6	

wie folgt umstellen:

Norden	*K'an*	1	䷜
Südwesten	*K'un*	2	䷁
Osten	*Chen*	3	䷲
Südosten	*Sun*	4	䷸
Zentrum		5	
Nordwesten	*Ch'ien*	6	䷀
Westen	*Tui*	7	䷹
Nordosten	*Ken*	8	䷳
Süden	*Li*	9	

Ohne den *Lo Shu* als Schlüssel würde die Zuordnung der Zahlen zu den Acht Trigrammen völlig willkürlich erscheinen. Ebenso könnte man den Eindruck gewinnen, die Art, wie die Zahlen mit den verschiedenen Richtungen assoziiert werden, hätte nichts mit irgendeiner logischen Regel zu tun.

Im Feng-Shui-Kalender lassen sich alle chinesischen Daten – die Jahre, Monate, Tage und sogar die Stunden – auf eine einstellige Zahl reduzieren. Wenn man nun die Entsprechung zwischen den Zahlen, den Acht Richtungen und den Acht Trigrammen untersucht, läßt sich jeder Aspekt des Datums mit einem für ihn relevanten Trigramm und mit einer bestimmten Richtung in Verbindung bringen.

Der chinesische Kalender

Der chinesische Kalender ist recht kompliziert. Im Gegensatz zum westlichen Kalender, bei dem das Jahr eine feststehende Länge hat, ist der chinesische Kalender ein Mondkalender, was bedeutet, daß jeder Monat bei Neumond beginnt. Das chinesische Jahr beginnt mit dem zweiten Neumond nach der Wintersonnenwende (das ist der kürzeste Tag des Jahres, gewöhnlich der 21. oder 22. Dezember). Deshalb variiert der chinesische Jahresanfang zwischen Mitte Januar und Mitte Februar. Eine weitere Komplikation für chinesische Feng-Shui-Berater ist, daß der Mondkalender in einen Sonnenkalender übersetzt werden muß (also in einen, für den der Lauf der Sonne am Himmel maßgebend ist), weil Feng-Shui-Berechnungen auf dem Sonnenjahr basieren.

Westliche Feng-Shui-Schüler haben deshalb gegenüber ihren chinesischen Kollegen einen immensen Vorteil, einfach weil der westliche Kalender ohnehin ein Sonnenkalender ist! Das bedeutet, daß es nur wenige Schritte bedarf, um die relevante Feng-Shui-Zahl anhand eines auf dem westlichen Kalender beruhenden Geburtsdatums zu errechnen. Nur in sehr seltenen Grenzfällen ist es notwendig, die Kalendertafeln zu Rate zu ziehen. In den meisten Fällen ist die Umwandlung mit Hilfe einer einfachen Formel möglich.

Das Jahr

Das chinesische Mondjahr beginnt, wie gesagt, mit dem zweiten Neumond nach der Wintersonnenwende. Es gibt jedoch noch einen anderen, älteren Kalender, der als «Bauernkalender» bekannt ist und der auf der Stellung der Sonne basiert. Der Bauernkalender teilt das Jahr in 24 vierzehntägige Perioden ein (die jedoch genaugenommen «ungefähr» 15 Tage lang sind), von denen jeweils zwei einen «Sonnenmonat» bilden. Die genauen Zeitpunkte der Frühlings-Tagundnachtgleiche, der Sommersonnenwende, der Herbst-Tagundnachtgleiche und der Wintersonnenwende bilden die Mitte des zweiten, fünften, achten und elften Monats. Daraus ist zu ersehen, daß die Chinesen diese vier Kalenderpunkte nicht wie wir als den Anfang der vier Jahreszeiten betrachten, sondern als deren Mitte. Während wir beispielsweise die Frühlings-Tagundnachtgleiche (gewöhnlich der 21. März) als Frühlingsanfang bezeichnen, ist dies für die Chinesen die Mitte des Frühlings. Folglich liegt für sie der Frühlingsanfang um den 4. Februar: den Jahresanfang des chinesischen

Bauernkalenders bzw. des Sonnenjahrs. Im Augenblick brauchen wir uns nur die (chinesischen) zwölf Sonnenmonate zu merken, doch in einem der späteren Kapitel spielen die 24 vierzehntägigen Perioden des chinesischen Sonnenkalenders ebenfalls eine Rolle. Leser, die mit dem System der westlichen Astrologie vertraut sind, haben wahrscheinlich schon bemerkt, daß die Sonnenmonate praktisch den zwölf Tierkreiszeichen entsprechen, wobei allerdings jeweils die zweite Hälfte eines chinesischen Sonnenmonats und die erste Hälfte des darauffolgenden Monats mit dem Wirkungszeitraum dieser Tierkreiszeichen zusammenfallen.

Für Leser, die die chinesischen Sonnenmonate mit den westlichen Sternzeichen vergleichen möchten, habe ich beide, zusammen mit den Namen der 24 vierzehntägigen Perioden, entsprechend dem chinesischen Sonnenkalender in folgender Übersicht aufgeführt.

Ungefähres Datum	Vierzehn-Tage-Periode	Sternzeichen
4. Februar	1 Frühlingsanfang	[Wassermann]
	2 Regen Wasser	Fische
6. März	3 Insekten erwachen	Widder
	4 Frühlings-Tagundnachtgl.	
6. April	5 Klar und Hell	Stier
	6 Getreide Regen	
6. Mai	7 Sommeranfang	Zwillinge
	8 Getreide entwickelt sich	
6. Juni	9 Ähre ist entwickelt	Krebs
	10 Sommersonnenwende	
7. Juli	11 Kleine Hitze	Löwe
	12 Große Hitze	
8. August	13 Herbstanfang	Jungfrau
	14 Hitze endet	

Ungefähres Datum	Vierzehn-Tage-Periode		Sternzeichen
8. September	15	Weißer Tau	Waage
	16	Herbst-Tagundnachtgleiche	
9. Oktober	17	Kalter Tau	Skorpion
	18	Rauhreif fällt	
8. November	19	Winteranfang	Schütze
	20	Kleiner Schnee	
7. Dezember	21	Großer Schnee	Steinbock
	22	Wintersonnenwende	
6. Januar	23	Kleine Kälte	Wassermann
	24	Große Kälte	

Die wichtigsten Daten dieser Tabelle werden später in einem entsprechenden Zusammenhang wiederholt.

Wie man die Feng-Shui-Horoskopzahl errechnet

Wir können nun die Feng-Shui-Horoskopzahl eines Menschen errechnen (die im weiteren der Einfachheit halber Geburtszahl genannt wird), aus der sich die für den Betreffenden günstigsten Richtungen ableiten lassen.

Die Berechnung erfolgt in vier Schritten.

1. Ermitteln der Zahl des Jahres. Das ist die Zahl, die dem Geburtsjahr des Betreffenden entspricht. Wie man das macht, wird im nächsten Abschnitt kurz erklärt.
2. Ermitteln des Monats (nach dem Sonnenkalender), in dem der oder die Betreffende geboren ist. In den meisten Fällen läßt sich dies problemlos anhand der Tabelle auf Seite 120/ 121 feststellen.
3. Ermitteln der Geburtszahl. Dazu muß man anhand der Tabelle auf Seite 123/124 die Ziffer auffinden, die der zuvor

eruierten Zahl des Jahres und dem Geburtsmonat entspricht.

4. Jeder Geburtszahl entsprechen ein Trigramm, eine Richtung und ein Element. Der harmonischste Standort für ein Gebäude ist derjenige, dessen Element (in der generativen Sequenz) das Element erzeugt, welches mit der Geburtszahl des Betreffenden assoziiert ist.

Die Schritte 2 und 3 brauchen wohl kaum weiter erläutert zu werden, während der erste und der vierte Schritt gewiß einer näheren Erklärung bedürfen.

Wie man die Zahl des Jahres ermittelt

In der Kompaßschule der chinesischen Geomantie ebenso wie in der Neun-Ziffern-Numerologie ordnet man jedem Jahr eine Zahl von 1 bis 9 zu. Diese werden in umgekehrter Reihenfolge vergeben, wobei der Gültigkeitsbereich der Zahl jeweils zum Zeitpunkt des chinesischen Frühlingsanfangs endet bzw. beginnt. Von 1981 bis zum Ende des laufenden Jahrhunderts fällt der Frühlingsanfang jeweils auf den 4. Februar. Vor 1981 kann der Frühlingsanfang auf den 4. oder den 5. Februar fallen.

Wenn das Geburtsdatum eines Menschen zwischen dem 1. Januar und dem 4. Februar liegt, gilt das *vorangegangene* Jahr als Geburtsjahr.

Beispiele:

(a) *Geburtstage vor dem 4. Februar*

Herr Lee ist am 12. Januar 1944 geboren; deshalb muß man, um die Geburtszahl zu ermitteln, das Jahr 1943 als Geburtsjahr zugrunde legen.

(b) *Geburtstag am 4. Februar*

Herr Lo ist am 4. Februar 1948 geboren. Im Jahre 1948 begann der Frühling am 5. Februar. Folglich wird der 4. Februar dem vorangegangenen (chinesischen) Sonnen-

122

jahr zugerechnet, und Herrn Los Geburtsjahr ist also 1947.

(c) *Geburtsdatum 5. Februar und später*

Herr Cheng ist am 5. Februar 1952 geboren. Es ist nicht nötig, in den Tabellen nach dem Frühlingsanfang 1952 zu suchen, denn ganz gleich, ob der Frühlingsbeginn in jenem Jahr auf den 4. oder auf den 5. Februar fiel – stets würde der 5. Februar dem neuen Sonnenjahr zugerechnet. Deshalb ist das Geburtsjahr in diesem Fall 1952.

Die Zahl des Jahres für einen *Mann* entspricht der Zahl seines Geburtsjahrs. Wie bereits erwähnt, werden die Zahlen für die einzelnen Jahre in umgekehrter Reihenfolge aufgeführt. Die Zahl des Jahres für eine *Frau* hingegen wird in normaler Reihenfolge angegeben. Die beiden unterschiedlichen Zahlenreihen für Männer und Frauen überschneiden sich bei der Zahl 3. Dies läßt sich wesentlich einfacher nachvollziehen, wenn man die Zahlen vor sich sieht. Es folgt deshalb als Beispiel eine Tabelle der Zahlen für die Sonnenjahre von 1985 bis 2003.

Sonnenjahr entsprechend	Zahl des Jahres	Zahl d. Jahres für Männer	Zahl d. Jahres für Frauen
1985	6	6	9
1986	5	5	1
1987	4	4	2
1988	3	3	3
1989	2	2	4
1990	1	1	5
1991	9	9	6
1992	8	8	7
1993	7	7	8
1994	6	6	9
1995	5	5	1
1996	4	4	2

Sonnenjahr entsprechend	Zahl des Jahres	Zahl d. Jahres für Männer	Zahl d. Jahres für Frauen
1997	3	3	3
1998	2	2	4
1999	1	1	5
2000	9	9	6
2001	8	8	7
2002	7	7	8
2003	6	6	9

Hieraus läßt sich leicht die Zahl des Jahres für jedes Jahr des westlichen Kalenders errechnen.

Die folgenden Formeln ermöglichen es, die Zahl des Jahres ohne Tabelle zu errechnen. Man beachte jedoch, daß diese Formeln nur für unser Jahrhundert gelten.

Formel zur Errechnung der Zahl des Jahres für einen Mann (nur für das 20. Jahrhundert gültig):

Formel:
Zahl des Jahres für Männer = 10 - (z dividiert durch 9), wobei «z» für die beiden letzten Ziffern des Sonnenjahres steht.

Vorgehensweise:
(a) Man nehme die beiden letzten Ziffern des Sonnenjahrs
(b) und teile sie durch 9.
(c) Ist der Rest gleich Null, so setzt man an seine Stelle die 9.
(d) Man subtrahiere den Rest von 10.

Das Ergebnis ist die Zahl des Jahres für den Mann.

124

Formel zur Errechnung der Zahl des Jahres für eine Frau (nur für das 20. Jahrhundert gültig):

Formel:

Zahl des Jahres für die Frau = (z + 5) dividiert durch 9, wobei «z» für die beiden letzten Ziffern des Sonnenjahres steht.

Vorgehensweise:
(a) Man nehme die beiden letzten Ziffern des Sonnenjahres
(b) und addiere 5.
(c) Das Ergebnis wird durch 9 geteilt.
(d) Wenn der Rest gleich Null ist, ersetzt man ihn durch 9.

Das Ergebnis ist die Zahl des Jahres für die Frau.

Übungen

Beispiel 1: Ermitteln Sie die Zahl des Jahres für einen Mann, der am 14. September 1957 geboren ist.
Beispiel 2: Ermitteln Sie die Zahl des Jahres für eine Frau, die am 4. Juli 1962 geboren ist.
Beispiel 3: Ermitteln Sie die Zahl des Jahres für einen Mann, der am 3. Januar 1955 geboren ist.
Beispiel 4: Ermitteln Sie die Zahl des Jahres für eine Frau, die am 2. Februar 1959 geboren ist.

Lösungswege

Beispiel 1: Ermitteln Sie die Zahl des Jahres für einen Mann, der am 14. September 1957 geboren ist.
Das Datum liegt nach dem 4. Februar, es ist also keine Anpassung des Datums (an das Vorjahr) erforderlich.
Die beiden letzten Ziffern von 1957 sind: 57
57 geteilt durch 9:   6, Rest 3

Der Rest wird von 10 subtrahiert: 7

Somit ist die Zahl des Jahres für den betreffenden Mann 7.

Beispiel 2: Ermitteln Sie die Zahl des Jahres für eine Frau, die am 4. Juli 1962 geboren ist.

Das Datum liegt nach dem 4. Februar, es ist also keine Anpassung des Datums erforderlich.

Die beiden letzten Ziffern von 1962 sind: 62

Addiert man 5, so erhält man: 67

67 geteilt durch 9:   7, Rest 4

Somit ist die Zahl des Jahres für die betreffende Frau 4.

Beispiel 3: Ermitteln Sie die Zahl des Jahres für einen Mann, der am 3. Januar 1955 geboren ist.

Das Datum liegt vor dem 4. Februar, man muß also bei der Berechnung das vorangegangene Jahr zugrundelegen; aus 1955 wird folglich 1954.

Die beiden letzten Ziffern von 1954 sind   54

54 geteilt durch 9 ist: 6, Rest 0

Aus Rest 0 wird 9.

10 minus 9:   1

Somit ist die Zahl des Jahres für den betreffenden Mann 1.

Beispiel 4: Ermitteln Sie die Zahl des Jahres für eine Frau, die am 2. Februar 1959 geboren ist.

Das Datum liegt vor dem 4. Februar, deshalb legt man der Berechnung das vorangegangene Jahr zugrunde; aus 1959 wird 1958.

Die beiden letzten Ziffern von 1958 sind: 58

Addiert man 5, so erhält man: 63

63 geteilt durch 9 ist   7, Rest 0

Aus Rest 0 wird 9.

Somit ist die Zahl des Jahres für die betreffende Frau 9.

126

Wie man den Monat des Sonnenjahrs und die Geburtszahl ermittelt

Schauen Sie sich nun die Tabelle der Geburtszahlen auf Seite 130 an. In der ersten Reihe sind die ungefähren Anfangszeitpunkte der Monate des Sonnenjahrs angegeben. In den meisten Fällen ist es nicht schwierig festzustellen, in welchem Monat des Sonnenjahrs die betreffende Person geboren ist.

Schauen Sie sich nun die rechte Spalte der Tabelle an. Als erstes wird Ihnen auffallen, daß sie in Angaben für Männer und Frauen unterteilt ist. Suchen Sie jetzt im Kopfteil die zuvor ermittelte Jahres-Zahl der betreffenden Person und folgen Sie in dieser Spalte der Ziffernreihe für Männer bzw. für Frauen nach unten bis zur Höhe des in Frage kommenden Geburtsmonats. Die Zahl, die dort steht, ist die Geburtszahl der betreffenden Person bzw. die Feng-Shui-Horoskopzahl.

Nachdem wir die Geburtszahl gefunden haben, können wir feststellen, welche Richtungen für den Betreffenden am günstigsten sind und folglich auch, welche Teile des Hauses oder welche Bereiche der Arbeitsstätte dem Wohl des Betreffenden am förderlichsten wären. Um dies herauszufinden, müssen wir die Attribute aller neun Geburtszahlen untersuchen. Doch bevor wir das tun, sollte der Leser für die Beispiele am Ende des vorhergehenden Abschnitts die Geburtszahlen ermitteln.

Übungen

Ermitteln Sie die Geburtszahlen für die auf Seite 125 ff. angeführten Beispiele.

1. Ermitteln Sie die Geburtszahl für einen Mann, der am 14. September 1957 geboren ist. Aus der vorigen Übung ist bekannt, daß die Zahl des Jahres 7 ist.

Aus der Tabelle der Geburtszahlen ist ersichtlich, daß der 14. September im ...ten Sonnenmonat liegt (der am 7.–9. September beginnt). Die Zahl des Jahres, 7, ist am Kopf der Doppelspalte ... zu finden. Wir schauen in der Spalte ... nach, wenn wir die Geburtszahl eines Mannes suchen. In dieser Spalte steht neben dem ...ten Monat die Zahl ... Folglich ist die gesuchte Geburtszahl ...

2. Ermitteln Sie die Geburtszahl einer Frau, die am 4. Juli 1962 geboren ist.

3. Ermitteln Sie die Geburtszahl eines Mannes, der am 3. Januar 1955 geboren ist.

4. Ermitteln Sie die Geburtszahl einer Frau, die am 2. Februar 1959 geboren ist.

Lösungswege

1. *Ermitteln Sie die Geburtszahl für einen am 14. September 1957 geborenen Mann.*

Aus der vorangegangenen Übung ist bekannt, daß die Zahl des Jahres in diesem Fall 7 ist.

Aus der Tabelle der Geburtszahlen ist ersichtlich, daß der 14. September im 8. Monat des Sonnenjahres liegt (der am 7.–9. September beginnt). Die Zahl des Jahres, 7, ist im Kopfteil der ersten (1 4 7) Doppelspalte zu finden. Wir schauen uns dort die linke Zahlenkolumne (m) an, da wir die Geburtszahl eines Mannes suchen. In dieser Kolumne steht neben dem 8. Monat die Ziffer 1. Folglich ist die gesuchte Geburtszahl 1.

2. *Ermitteln Sie die Geburtszahl für eine Frau, die am 4. Juli 1962 geboren ist.*

Aus der vorangegangenen Übung wissen wir, daß die Zahl des Jahres in diesem Fall die 4 ist.

Aus der Tabelle der Geburtszahlen ist ersichtlich, daß der 4. Juli im 5. Monat des Sonnenjahrs liegt (der am 5.–7. Juni beginnt). Die Zahl des Jahres, 4, ist im Kopfteil der ersten (1 4 7) Doppelspalte zu finden. Wir schauen uns dort die rechte Zahlenkolumne (w) an, da wir die Geburtszahl einer Frau suchen. In dieser Kolumne steht neben dem 5. Monat die Ziffer 2. Folglich ist die gesuchte Geburtszahl 2.

3. *Ermitteln Sie die Geburtszahl für einen Mann, der am 3. Januar geboren ist.*
Aus der vorangegangenen Übung wissen wir, daß die Zahl des Jahres in diesem Fall die 1 ist.
Aus der Tabelle der Geburtszahlen ist ersichtlich, daß der 3. Januar im 11. Monat des Sonnenjahrs liegt (welcher am 7.–8. Dezember beginnt). Die Zahl des Jahres, 1, ist im Kopfteil der ersten (1 4 7) Doppelspalte zu finden. Wir schauen uns dort die linke Zahlenkolumne (m) an, da wir die Geburtszahl eines Mannes suchen. In dieser Kolumne steht neben dem 11. Monat die Ziffer 7. Folglich ist die gesuchte Geburtszahl 7.

4. *Ermitteln Sie die Geburtszahl für eine Frau, die am 2. Februar 1959 geboren ist.*
Aus der vorangegangenen Übung wissen wir, daß die Zahl des Jahres in diesem Fall die 9 ist.
Aus der Tabelle der Geburtszahlen ist ersichtlich, daß der 2. Februar im 12. Monat des Sonnenjahrs liegt (welcher am 5.–7. Januar beginnt). Die Zahl des Jahres, 9, ist im Kopfteil der dritten (3 6 9) Doppelspalte zu finden. Wir schauen uns dort die rechte Zahlenkolumne (w) an, da wir die Geburtszahl einer Frau suchen. In dieser Kolumne steht neben dem 12. Monat die Ziffer 3. Folglich ist die gesuchte Geburtszahl 3.

Tabelle der Sonnenmonate und der Geburtszahlen

Ungefährer Beginn des Sonnenmonats	Jahreszahl					
	1 4 7		2 5 8		3 6 9	
	m	w	m	w	m	w
1. *Monat beginnt am* 4.–5. Feb.	8	7	2	4	5	1
2. *Monat beginnt am* 5.–7. März	7	8	1	5	4	2
3. *Monat beginnt am* 4.–6. April	6	9	9	6	3	3
4. *Monat beginnt am* 5.–7. Mai	5	1	8	7	2	4
5. *Monat beginnt am* 5.–7. Juni	4	2	7	8	1	5
6. *Monat beginnt am* 7.–8. Juli	3	3	6	9	9	6
7. *Monat beginnt am* 7.–9. Aug.	2	4	5	1	8	7
8. *Monat beginnt am* 7.–9. Sept.	1	5	4	2	7	8
9. *Monat beginnt am* 8.–9. Okt.	9	6	3	3	6	9
10. *Monat beginnt am* 7.–8. Nov.	8	7	2	4	5	1
11. *Monat beginnt am* 7.–8. Dez.	7	8	1	5	4	2
12. *Monat beginnt am* 5.–7. Jan.	6	9	9	6	3	3

Wie man die Attribute
der neun Geburtszahlen findet

Jede der neun Geburtszahlen hat mehrere Attribute, von denen das wichtigste ihr Trigramm ist, aus welchem wir Orientierung, Polarität (*Yin* oder *Yang*), Grundrichtung oder Horizontalachse (d. h. ob eine östliche oder eine westliche Richtung begünstigt wird), Zeichen (positiv oder negativ) und vor allem das Element ableiten können. Wir wollen uns diese Attribute nun der Reihe nach genauer anschauen.

Trigramm und Richtung

Wir wissen, daß jedes der Trigramme mit einem der äußeren Zahlen des *Lo Shu* in Verbindung steht (siehe S. 117/118). Außerdem wissen wir aus alten Schriften, daß die Zahl 5 im Zentrum durch *Ken* – für Männer das Trigramm des Nordostens und für Frauen das Trigramm des Südwestens – repräsentiert wird. (Leser, die den Grund für diese scheinbar willkürliche Entscheidung erfahren möchten, mögen weiterlesen. Wer weniger am theoretischen Hintergrund dieser Dinge interessiert ist, kann den Absatz überschlagen.) Das «männlichste» Trigramm ist *Ch'ien* am nordwestlichen Punkt, das weiblichste *K'un* im Südwesten. Doch das mit der Ziffer 5 assoziierte Element ist Erde, und während *K'un* ein Erd-Trigramm ist, wird *Ch'ien* dem Element Metall zugeordnet, was unpassend wäre. Da *K'un* für Frauen am passendsten ist, wird das Trigramm, das *K'un* genau entgegengesetzt ist, als das männliche Trigramm bezeichnet – *Ken* im Nordosten, das glücklicherweise ebenfalls ein «Erd»-Trigramm ist.

Somit kann man der Geburtszahl und dem *Lo Shu* das Trigramm und die Richtung entnehmen.

Polarität

Obgleich die Polarität (*Yin* oder *Yang*) der Zahl sich aus dem Trigramm herleitet, gibt es eine wesentlich einfachere Methode, diese festzustellen. Achten Sie einfach darauf, ob die Geburtszahl ungerade (*Yang*) oder gerade (*Yin*) ist; die einzige Ausnahme ist natürlich die Geburtszahl 5, da dieser kein eigenes Trigramm zugeordnet ist. Wie der Leser vielleicht schon ahnt, ist diese Zahl für Männer *Yang* und für Frauen *Yin*.

Die Horizontalachse

Die Horizontalachse des Trigramms kann nach Osten oder nach Westen tendieren.

Nach Osten tendieren:

1	*K'an*	Norden
3	*Chen*	Osten
4	*Sun*	Südosten
9	*Li*	Süden

Beachten Sie, daß damit ein Viertel des Kompasses und die beiden Pole Norden und Süden erfaßt sind. Die verbleibenden vier Kompaßpunkte sind nach Westen orientiert:

2 (5, w)	*K'un*	Südwesten
6	*Ch'ien*	Nordwesten
7	*Tui*	Westen
8 (5, m)	*Ken*	Nordosten

(Das mit dem Nordosten ist etwas rätselhaft, aber leider stößt man in alten geomantischen Texten immer wieder mal auf solche Schwierigkeiten und Widersprüche, die sich im Zuge einer langen und zum Teil abenteuerlichen Überlieferungsgeschichte eingeschlichen haben mögen.)

Es ist nützlich, die Horizontalachse zu kennen, wenn man in ein anderes Haus oder an einen anderen Ort zieht, da man dann die günstigen und ungünstigen Auswirkungen besser bestimmen und sich eventuell gegen ungünstige Wirkungen wappnen kann.

Tendenzielle Grundrichtung

Das «Zeichen» des Trigramms – d. h. ob ein Trigramm «links» oder «rechts» ist, im Gegensatz zu *Yang* oder *Yin* – hängt davon ab, ob es zur nordöstlichen oder zur südwestlichen Hälfte der Kompaßscheibe gehört. Folglich bilden die Trigramme der linken Seite die unmittelbaren Gegensätze derjenigen der rechten Seite:

	Links			Rechts	
6	*Ch'ien*	Nordwesten	4	*Sun*	Südosten
1	*K'an*	Norden	9	*Li*	Süden
8	*Ken*	Nordosten	2	*K'un*	Südwesten
3	*Chen*	Osten	7	*Tui*	Westen

In der Zusammenfassung am Ende dieses Abschnitts werden Sie sehen, daß die tendenzielle Grundrichtung der Polarität zwischen den ersten fünf Geburtszahlen (einschließlich der männlichen 5) und den letzten fünf Geburtszahlen (einschließlich der weiblichen 5), die den ersteren entgegengesetzt sind, entspricht.

Das Element

In einem der vorangegangenen Kapitel haben wir gesehen, daß die vier Hauptrichtungen des Kompasses und das Zentrum jeweils mit einem der Fünf Elemente assoziiert werden. Die Entsprechungen sind:

Norden	Wasser
Osten	Holz
Zentrum	Erde
Süden	Feuer
Westen	Metall

133

Die verbleibenden vier «Ecken» werden den folgenden Elementen zugeordnet:

Nordosten	Erde
Südosten	Holz
Südwesten	Erde
Nordwesten	Metall

Gesamttabelle der Attribute der Geburtszahlen

Geburtszahl	Element	Trigramm	Richtung	Polarität	Horizontal-achse	Tendenzielle Grundrichtung
1	Wasser	*K'an*	Norden	*Yang*	Osten	links
2	Erde	*K'un*	Südwesten	*Yin*	Westen	rechts
3	Holz	*Chen*	Osten	*Yang*	Osten	links
4	Holz	*Sun*	Südosten	*Yin*	Osten	rechts
5 (m)	Erde	*Ken*	Nordosten	*Yang*	Westen	links
5 (w)	Erde	*K'un*	Südwesten	*Yin*	Westen	rechts
6	Metall	*Ch'ien*	Nordwesten	*Yin*	Westen	links
7	Metall	*Tui*	Westen	*Yang*	Westen	rechts
8	Erde	*Ken*	Nordosten	*Yin*	Westen	links
9	Feuer	*Li*	Süden	*Yang*	Osten	rechts

Nicht alle diese Aspekte sind unerläßlich zur Berechnung des Feng-Shui-Horoskops. Polarität, Horizontalachse und tendenzielle Grundrichtung sind Interpretationen der Trigramme, die man vernachlässigen kann. Ein paar Bemerkungen über ihre Funktion stehen jedoch der Vollständigkeit halber im Kapitel «Feng-Shui für Fortgeschrittene».

Das Gebäude und seine Bewohner

Wir haben uns nun die verschiedenen Attribute der Geburtszahlen angeschaut. Was wir jedoch im Grunde wissen wollen, ist, wie das alles uns helfen kann zu entscheiden, welche Teile eines Gebäudes für eine bestimmte Person am besten geeignet sind und welche sie besser meiden sollte.

Im vorangegangenen Kapitel haben wir gesehen, daß durch die Orientierung eines Hauses gewisse Vorzeichen entstehen, die anzeigen, ob bestimmte Bereiche des betreffenden Gebäudes als *allgemein* günstig oder schädlich zu betrachten sind. Nun wollen wir schauen, wie die Ausrichtung eines Gebäudes jeden Menschen anders beeinflußt, je nach dem, welche Geburtszahl er hat. (Später werden wir diese beiden Informationen miteinander verbinden.)

Die Methode beruht auf der Folge der Elemente. Sie unterscheidet sich im Grunde nicht von jener, mit deren Hilfe man ermittelt, ob ein Gebäude seiner Umgebung entspricht. Statt jedoch beispielsweise von einem Haus des Feuer-Typs in einer Holz-Umgebung zu sprechen, geht es nun darum, die Art der Beziehung zu erkennen, die ein Mensch zu einem bestimmten Raum hat, indem wir das Element der Geburtszahl des Betreffenden mit dem Element des Raums, den er benutzen möchte, vergleichen.

Diese Vorgehensweise müßte Ihnen jetzt schon vertraut sein.

Zur Erinnerung:

Der generative Kreislauf (Erzeugungssequenz) der Elemente ist **Holz→Feuer→Erde→Metall→Wasser→(Holz)**
Der destruktive Kreislauf (Zerstörungssequenz) der Elemente ist **Holz→Erde→Wasser→Feuer→Metall→(Holz)**

Notieren Sie das Element, das der Kompaßrichtung des betreffenden Raums (der «Plazierung») zugeordnet ist.

Notieren Sie das Element der Geburtszahl des Betreffenden.

Wenn das Element der Plazierung das Element der Geburtszahl *erzeugt*, ist die Plazierung sehr günstig.

Wenn das Element der Plazierung das Element der Geburtszahl *zerstört*, ist die Plazierung sehr ungünstig.

Wenn das Element der Plazierung dem der Geburtszahl *entspricht*, ist die Situation günstig.

Wenn das Element der Geburtszahl das Element der Plazierung *erzeugt*, ist die Situation eher ungünstig.

Wenn das Element der Geburtszahl das Element der Plazierung *zerstört*, ist die Situation nur sehr bedingt als günstig zu bezeichnen.

Die obigen Regeln lassen sich in Form eines Diagramms darstellen.

A

E   B

D   C

Wenn wir annehmen, daß das Element der Geburtszahl A ist, und die übrigen vier Elemente einander in der Hervorbringungssequenz folgen, dann gilt:

Ist das Element der Plazierung A, so ist dies günstig.

Ist das Element der Plazierung B, so ist dies ungünstig.

Ist das Element der Plazierung C, so ist dies nur sehr bedingt günstig.

Ist das Element der Plazierung D, so ist dies sehr ungünstig.

Ist das Element der Plazierung E, so ist dies sehr günstig.

136

Zusammenfassung der Methode

Um herauszufinden, welche Räume oder Bereiche in einem
Gebäude für eine bestimmte Person am günstigsten sind, müssen
wir also folgendes wissen:

Die Geburtszahl der betreffenden Person,

das Element, das mit der Geburtszahl assoziiert ist,

die Lage des Raums im Hinblick auf die Orientierung des
gesamten Gebäudes (d. h. seine Kompaßrichtung),

das Element, das mit der Kompaßrichtung in Verbindung
gebracht wird.

Wir werden allerdings schon bald sehen, daß man sich einen Teil
der Mühe sparen kann, indem man einen dieser Faktoren
umgeht. Zunächst jedoch wollen wir ein Schema zur Aufzeich-
nung der entscheidenden Informationen entwickeln:

Geburtszahl _____

Element _____

Richtung des Raums _____

Element des Raums _____

Als nächstes werden wir die Acht Richtungen und die ihnen
zugeordneten Elemente aufschreiben (einschließlich des Zen-
trums, falls das Gebäude dort einen fensterlosen Raum hat):

Element	Bewertung	Richtung
Wasser	_____	Norden
Erde	_____	Nordosten
Holz	_____	Osten
Holz	_____	Südosten
Feuer	_____	Süden
Erde	_____	Südwesten
Metall	_____	Westen
Metall	_____	Nordwesten

Nun kommen wir wieder auf das Element der Geburtszahl zurück.

In der Rubrik «Bewertung» können wir zwei Häkchen (für «sehr günstig») eintragen, wenn das Element der Richtung das Element der Geburtszahl *erzeugt*.

Das Element, das dem der Geburtszahl entspricht, markieren wir mit einem Häkchen (für «günstig»), ebenso jenes Element, das durch das Element der Geburtszahl *zerstört* wird.

Hingegen wird das Element, welches das Element der Geburtszahl *zerstört*, mit zwei Kreuzen (für «sehr ungünstig») gekennzeichnet, während jenes, das durch das Element der Geburtszahl *erzeugt* wird, mit einem Kreuz (für «eher ungünstig») markiert wird.

Nun können wir auf einen Blick erkennen, welche Richtungen günstig sind und welche nicht. Folglich läßt sich dieser Tabelle unmittelbar die von uns gewünschte Antwort entnehmen, ohne daß wir uns um das Element oder die Ausrichtung jedes einzelnen Raums zu kümmern brauchen.

Dem Leser dürfte es nicht schwerfallen, ähnliche Tabellen für die vier weiter oben aufgeführten Beispielsituationen zu erstellen.

Übungen

Vervollständigen Sie für die weiter oben aufgeführten vier Beispiele die Tabellen, die zeigen, welche Richtungen günstig bzw. ungünstig sind.

1. Geben Sie an, welche Richtungen für einen am 14. September 1957 geborenen Mann günstig bzw. ungünstig sind:

Wir wissen bereits aus der vorangegangenen Übung, daß die Geburtszahl in diesem Fall die Zahl 1 ist.
Aus der Tabelle der Attribute wissen wir, daß das Element der Geburtszahl 1 (A) ist.

Element A wird durch Element E erzeugt: sehr günstig.

Element A ist, wenn es auf sich selbst trifft, günstig.

Element A erzeugt Element B: eher ungünstig.

Element A zerstört Element C: nur bedingt günstig.

Element A wird von Element D zerstört: sehr ungünstig.

Zur Erinnerung:

Der generative Kreislauf (Erzeugungssequenz) der Elemente ist **Holz** → **Feuer** → **Erde** → **Metall** → **Wasser** → **(Holz)**

Der destruktive Kreislauf (Zerstörungssequenz) der Elemente ist **Holz** → **Erde** → **Feuer** → **Metall** → **(Holz)**

Vervollständigen Sie die Tabelle.

2. Geben Sie an, welche Richtungen für eine am 4. Juli 1962 geborene Frau günstig bzw. ungünstig sind.

3. Geben Sie an, welche Richtungen für einen am 3. Januar 1955 geborenen Mann günstig bzw. ungünstig sind.

4. Geben Sie an, welche Richtungen für eine am 2. Februar 1959 geborene Frau günstig bzw. ungünstig sind.

Lösungswege

Beispiel 1. Aus der vorangegangenen Übung mit diesem Beispiel wissen wir, daß die Geburtszahl für den 14. September 1957 die Zahl 1 ist.

Aus den Tabellen wissen wir, daß das Element der Geburtszahl 1 Wasser ist.

Wasser wird durch Metall erzeugt: sehr günstig. √ √

Wasser ist, wenn es auf sich selbst trifft, günstig. √

Wasser erzeugt Holz: eher ungünstig. x

Wasser zerstört Feuer: nur bedingt günstig. √

Wasser wird durch Erde zerstört: sehr ungünstig. xx

Beispiel 2. Aus der vorangegangenen Übung mit diesem Beispiel wissen wir, daß die Geburtszahl für den 4. Juli 1962 die Zahl 2 ist.

Aus den Tabellen wissen wir, daß das Element der Geburtszahl 2 Erde ist.

Erde wird durch Feuer erzeugt: sehr günstig.	√ √
Erde ist, wenn sie auf sich selbst trifft, günstig.	√
Erde erzeugt Metall: eher ungünstig.	x
Erde zerstört Wasser: nur bedingt günstig.	√
Erde wird durch Holz zerstört: sehr ungünstig.	xx

Beispiel 3. Aus der vorangegangenen Übung mit diesem Beispiel wissen wir, daß die Geburtszahl für den 3. Januar 1955 die Zahl 7 ist.

Aus den Tabellen wissen wir, daß das Element der Geburtszahl 7 Metall ist.

Metall wird durch Feuer erzeugt: sehr günstig.	√ √
Metall ist, wenn es auf sich selbst trifft, günstig.	√
Metall erzeugt Wasser: eher ungünstig.	x
Metall zerstört Holz: nur bedingt günstig.	√
Metall wird durch Feuer zerstört: sehr ungünstig.	xx

Beispiel 4. Aus der vorangegangenen Übung mit diesem Beispiel wissen wir, daß die Geburtszahl für den 2. Februar 1959 die Zahl 3 ist.

Aus den Tabellen wissen wir, daß das Element der Geburtszahl 3 Holz ist.

Holz wird durch Wasser erzeugt: sehr günstig.	√ √
Holz ist, wenn es auf sich selbst trifft, günstig.	√
Holz erzeugt Feuer: eher ungünstig.	x
Holz zerstört Erde: nur bedingt günstig.	√
Holz wird durch Metall zerstört: sehr ungünstig.	xx

Vergleich der Eignung von Räumen für verschiedene Personen

Wir können nun alle bisher gemachten Beobachtungen in einer Tabelle zusammenfassen und die Ergebnisse miteinander vergleichen. So läßt sich auf einen Blick erkennen, daß bestimmte Räume für den einen günstig sind, für den anderen jedoch nicht. Diese Übung ist nützlich, wenn es darum geht, das Feng-Shui eines von mehreren Personen bewohnten Hauses oder die Geschäftsräume eines Unternehmens mit mehreren Teilhabern zu untersuchen.

Eignung

Element	Klient 1	Klient 2	Klient 3	Klient 4	Richtung
Wasser	√	√	x	√ √	Norden
Erde	xx	√	√ √	√	Nordosten
Holz	x	xx	√	√	Osten
Holz	x	xx	√	√	Südosten
Feuer	√	√ √	xx	x	Süden
Erde	xx	√	√ √	√	Südwesten
Metall	√ √	x	√	xx	Westen
Metall	√ √	x	√	xx	Nordwesten

Heim und Horoskop: Die Vorzeichen

Statt einfach nur zu sagen, daß ein bestimmter Punkt für eine Person günstig oder ungünstig ist, können wir uns auch anschauen, wie die Elemente interagieren, und so zu einer präziseren Diagnose gelangen. Es folgt eine kurze Anleitung, wie sich feststellen läßt, in welcher Beziehung die einzelnen Elemente im Inneren des Gebäudes zum Element der Geburtszahl stehen.

Raum-Element: **Holz**
Persönliches Element: Holz

Dies ist eine stabile und kreative Atmosphäre. Der Raum wäre geeignet als Arbeitszimmer, Wohnzimmer oder Büro. Wenn die Geburtszahl die eines Kleinkindes ist, so eignet sich der Raum als Schlafzimmer.

Raum-Element: **Holz**
Persönliches Element: Feuer

Ein Raum, der sich ausgezeichnet als Studier- oder Arbeitszimmer eignet, insbesondere für einen kreativen Menschen, da die Atmosphäre geistig sehr anregend wirkt. Wenn das persönliche Element in diesem Fall das eines Kleinkindes ist, eignet sich der Raum gut als Schlafzimmer, da er die Gesundheit erhält und das physische Wachstum fördert.

Raum-Element: **Holz**
Persönliches Element: Erde

Dies ist kein Idealfall. Der Ratsuchende sollte sich nicht über längere Zeit in diesem Raum aufhalten, da ihn das schwächen würde; es könnte sein, daß er nach kurzer Zeit leicht ermüdet und sich allgemein erschöpft fühlt.

Raum-Element: **Holz**
Persönliches Element: Metall

Nach kurzem Aufenthalt in diesem Raum würde der Klient das Gefühl haben, mit Energie aufgeladen zu sein. Der Raum eignet sich gut als Werkstatt oder für Erholungszwecke, vielleicht als privater Fitneßraum. Als Schlafzimmer ist er weniger geeignet.

Raum-Element: **Holz**
Persönliches Element: Wasser

Die Wirkung ist hier ähnlich wie beim persönlichen Element Erde. Die Atmosphäre wirkt schwächend. Der Betreffende sollte sich nicht über längere Zeit in einem solchen Raum aufhalten.

Raum-Element: **Feuer**
Persönliches Element: Holz

Eine sehr ungünstige Situation. Die betreffende Person würde sich dort unwohl fühlen; in gesundheitlicher Hinsicht bestünde eine Tendenz zu Fieber und nervösen Störungen. Man sollte diese Situation vermeiden.

Raum-Element: **Feuer**
Persönliches Element: Feuer

Nicht der ideale Ort, aber ein ungefährlicher. Zwar kann er kurze Zeit stimulierend wirken, doch wenn man sich hier längere Zeit aufhält, kann Ruhelosigkeit aufkommen. Ideal geeignet als Büro für die private Buchhaltung oder als Raum für gelegentliche, zeitlich begrenzte Aktivitäten.

Raum-Element: **Feuer**
Persönliches Element: Erde

Eine sehr gute Umgebung. Dies könnte das Schlafzimmer des Klienten sein. Der Raum hat eine angenehme, aufmunternde Atmosphäre.

Raum-Element: **Feuer**
Persönliches Element: Metall

Benutzen Sie diesen Raum weder als Schlafzimmer (weil er Lethargie und Faulheit fördert) noch als Büro (weil Ihnen dann Ihre Einkünfte auf unerklärliche Weise durch die Finger rinnen).

Raum-Element: **Feuer**
Persönliches Element: Wasser

Es ist ungefährlich, sich kurze Zeit in diesem Raum aufzuhalten; trotzdem wird der Ratsuchende sich darin nicht wohl fühlen, vor allem nicht zusammen mit anderen Menschen. Benutzen Sie diesen Raum beispielsweise nicht als Wohnzimmer.

Raum-Element: **Erde**
Persönliches Element: Holz

Dieser Raum könnte als Schlafzimmer, als Arbeitszimmer oder zur Freizeitgestaltung genutzt werden. Für ein paar Jahre wird er seinen Zweck zufriedenstellend erfüllen, doch irgendwann wird der Klient seiner überdrüssig werden und die Situation ändern wollen. Das Gefühl des Unbehagens könnte ihn auf den Gedanken bringen, ein Umzug sei notwendig, doch tatsächlich sind nur die Kräfte des Raums erschöpft.

Raum-Element: **Erde**
Persönliches Element: Feuer

Diesem Raum ist eine schwächende Atmosphäre eigen. Der Klient sollte es vermeiden, sich über längere Zeit dort aufzuhalten.

Raum-Element: **Erde**
Persönliches Element: Erde

Dies ist ein stabiler, komfortabler Raum, an dem der Ratsuchende seine Freude haben wird. Er eignet sich ausgezeichnet als gemütliches Eckchen, als Wohnzimmer oder als Schlafzimmer. Würde man ihn jedoch als Arbeitszimmer benutzen, so bliebe die Arbeit wohl größtenteils liegen. Vielleicht ist dies der Lieblingsraum des Klienten.

Raum-Element: **Erde**
Persönliches Element: Metall

Ideal geeignet als Arbeitszimmer oder als Büro. Sehr anregend und günstig für die Gesundheit und für die finanzielle Situation. Wenn der Raum als Schlafzimmer benutzt wird, wacht der Ratsuchende jeden Morgen erfrischt auf.

Raum-Element: **Erde**
Persönliches Element: Wasser

Diesen Raum sollte man meiden. Seine schwächende Wirkung beeinflußt am stärksten das Urteilsvermögen und die Selbstachtung des Klienten. Wird der Raum als Schlafzimmer benutzt, so leiden seine Gesundheit und seine persönlichen Umgangsformen darunter, was zur Folge hat, daß er Freunde verliert.

Raum-Element: **Metall**
Persönliches Element: Holz

Meiden Sie diesen Raum. Er hat eine zerstörerische Wirkung. Ein kreativer Mensch würde darin seinen schöpferischen Antrieb verlieren. Würde er ihn als Schlafzimmer benutzen, so wäre seine Gesundheit gefährdet. Bei anderer Nutzung bestünde erhöhte Unfallgefahr.

Raum-Element: **Metall**
Persönliches Element: Feuer

Dieser Raum hat eine leichte Atmosphäre, die weder schädlich noch nützlich ist. Wahrscheinlich wird der Ratsuchende diesen Raum nicht einmal als solchen wahrnehmen; es könnte sich um ein Durchgangszimmer oder um eine Abstellkammer handeln.

Raum-Element: **Metall**
Persönliches Element: Erde

Wenn es dem Ratsuchenden schwerfällt, seine finanzielle Situation unter Kontrolle zu halten, oder wenn eine chronische Krankheit besteht, die wahrscheinlich chirurgisch behandelt werden muß, so kann es nicht schaden festzustellen, ob der Klient immer wieder längere Zeit in einem Raum verbringt, der unter dem Einfluß des Elements Metall steht. Ein solcher Raum ist als Schlafzimmer, Büro oder Wohnzimmer nicht zu empfehlen.

Raum-Element: **Metall**
Persönliches Element: Metall

Ideal als Privatbüro oder, wenn es sich um ein kommerzielles Unternehmen handelt, als Büro der Buchhaltung. Eine gesunde Atmosphäre für finanzielle Angelegenheiten.

Raum-Element: **Metall**
Persönliches Element: Wasser

Ein ausgezeichneter Platz für ein Schlafzimmer oder für ein Büro. Bei kommerziellen Unternehmen wäre dieser Platz ideal für ein Kundenbüro, vor allem wenn es sich um ein Geschäft mit starkem Publikumsverkehr handelt.

Raum-Element: **Wasser**
Persönliches Element: Holz

Ein ausgezeichneter Platz für ein Schlafzimmer, ein Arbeitszimmer oder ein Büro. Wenn der Raum für irgendeinen anderen Zweck genutzt wird, gehen seine äußerst anregenden und wohltätigen Einflüsse wahrscheinlich verloren, die sich ansonsten optimal auf Gesundheit und Wohlbefinden des Klienten auswirken können.

Raum-Element: **Wasser**
Persönliches Element: Feuer

Eine unbefriedigende Atmosphäre. Wenn man den Raum als Schlafzimmer benutzt, wird man nicht gut schlafen. Als Büro wird er dem darin Arbeitenden die Konzentration rauben. Diesen Raum sollte man meiden.

Raum-Element: **Wasser**
Persönliches Element: Erde

Dies könnte eine befriedigende Umgebung für einen Raum von zweitrangiger Bedeutung sein. Man sollte ihn nicht als Haupt-Schlafzimmer benutzen oder bei kommerziellen Unternehmungen nicht als Hauptbüro. Als Büro, das nur sporadisch benutzt wird, oder als Erholungsraum ist er hingegen sehr gut geeignet.

Raum-Element: **Wasser**
Persönliches Element: Wasser

Dieser Raum eignet sich sehr gut als Arbeitszimmer eines Schriftstellers oder als Übungsraum eines Musikers. Er würde sich auch als Bibliothek eignen. Ein Schlafzimmer an dieser Stelle hätte eine ruhige und friedvolle Atmosphäre; ein Wohnzimmer würde sehr beruhigend wirken.

Vergleich der Vorzeichen eines Gebäudes mit der Geburtszahl

Weiter oben haben wir gesehen, wie die Orientierung eines Gebäudes die günstigen Eigenschaften jedes Raums beeinflußt. Dann haben wir untersucht, wie die Orientierung jedes einzelnen Raumes sich auf die Feng-Shui-Horoskope der Bewohner des Hauses auswirkt.

Nun werden wir diese beiden Informationsblöcke miteinander verbinden und feststellen, wie jeder Bewohner durch die Orientierung des Gebäudes und durch die Ausrichtung jedes einzelnen Raums beeinflußt wird.

Da wir die erforderlichen Informationen bereits haben, brauchen wir sie nur noch in einer Tabelle zusammenzufassen.

Wir gehen genauso vor wie auf Seite 109, doch schreiben wir diesmal die Namen der Vorzeichen für jede der Richtungen auf und markieren durch Haken bzw. Kreuze, ob ein Vorzeichen günstig ist oder nicht.

Die «Bewertung» der Eignung sollte wie folgt aussehen:

A	Sechs Flüche	ungünstig	x
B	Fünf Geister	ungünstig	x
C	Lebensende	sehr ungünstig	xx
D	Langlebigkeit	sehr günstig	√√
E	Unfälle und Mißgeschick	sehr ungünstig	xx
F	Vitalität	sehr günstig	√√
G	Himmlische Monade	günstig	√
H	Orientierung des Gebäudes	günstig	√

Wie zuvor lassen sich auch diese Informationen in einer Tabelle zusammenfassen.

Ausrichtung des Gebäudes

Richtung	Schlüsselbuchstabe und Name des Vorzeichens	Eignung
Norden	____	_____	_____
Nordosten	____	_____	_____
Osten	____	_____	_____
Südosten	____	_____	_____
Süden	____	_____	_____
Südwesten	____	_____	_____
Westen	____	_____	_____
Nordwesten	____	_____	_____

Nun können wir die allgemeine Eignung jedes Raumes entsprechend der Ausrichtung des Gebäudes mit der speziellen Eignung jedes einzelnen Raumes entsprechend der Geburtszahl jedes Bewohners vergleichen. Notieren Sie für jeden Bewohner:

Geburtszahl _____

Element der Geburtszahl _____

Ausrichtung des Gebäudes _____

Element	Eignung	Richtung	Vorzeichen	Eignung
Wasser	_____	Norden	_____ :	_____
Erde	_____	Nordosten	_____ :	_____
Holz	_____	Osten	_____ :	_____
Holz	_____	Südosten	_____ :	_____
Feuer	_____	Süden	_____ :	_____
Erde	_____	Südwesten	_____ :	_____
Metall	_____	Westen	_____ :	_____
Metall	_____	Nordwesten	_____ :	_____

Diese Tabelle läßt sich leicht so erweitern, daß sie die Situation für zwei oder mehr Personen erfaßt, um herauszufinden, welche Räume sich für jeden einzelnen Bewohner am besten eignen, wobei man sowohl die Geburtszahl aller als auch die Ausrichtung des Gebäudes als Ganzes berücksichtigt.

Hier ein Beispiel für eine solche Tabelle:

Element	Eignung (1) (2)	Richtung	Vor-zeichnen	Eignung
Wasser	____ : ____	Norden	_____ : _____	
Erde	____ : ____	Nordosten	_____ : _____	
Holz	____ : ____	Osten	_____ : _____	
Holz	____ : ____	Südosten	_____ : _____	
Feuer	____ : ____	Süden	_____ : _____	
Erde	____ : ____	Südwesten	_____ : _____	
Metall	____ : ____	Westen	_____ : _____	
Metall	____ : ____	Nordwesten	_____ : _____	

Wie diese Tabelle zu benutzen ist, kann man am besten anhand eines Beispiels herausfinden.

Nehmen wir also an, daß die beiden Männer in unseren bisherigen Beispielen gemeinsam Geschäftsräume gekauft haben, die sie beziehen wollen. Der Leser kann die Übung zunächst selbst durchführen oder gleich die anschließende Lösung studieren.

Sobald man die Tabelle fertiggestellt hat, ist natürlich das wichtigste, die Ergebnisse zusammenzufassen und entsprechende Ratschläge zu geben, wie man die einzelnen Räume am besten nutzen sollte.

Fallgeschichten

Fall 1

Zwei Männer haben für ein gemeinsames Unternehmen ein Geschäftsgebäude gekauft. Geben Sie Ratschläge im Hinblick auf Nutzung der einzelnen Räume.

Die Geburtsdaten der beiden sind (A) der 14. September 1957 und (B) der 3. Januar 1955.

Das Gebäude ist nach Nordosten ausgerichtet.

Fall 2

Zwei Schwestern haben ein Haus gekauft. Geben Sie Ratschläge im Hinblick auf die Lage der Schlafzimmer.

Die Geburtsdaten der beiden sind (A) der 4. Juli 1962 und (B) der 2. Februar 1959.

Das Haus ist nach Westen ausgerichtet.

Verfahren

Stellen Sie die Ausrichtung des Gebäudes fest.

Diese Information vermerken Sie im Kopfteil der Tabelle weiter unten.

Wir wenden uns jetzt dieser Tabelle zu und zeichnen Häkchen oder Kreuze ein, je nachdem, ob das Element des Raums im Zusammenhang mit dem persönlichen Element günstig oder ungünstig ist (beachten Sie, daß bestimmte Elemente in der Tabelle zweimal auftauchen).

Als nächstes befassen wir uns mit der Ausrichtung des Gebäudes. In die entsprechende Skizze auf Seite 109 schreiben wir die Schlüsselbuchstaben für die Vorzeichen – es ist noch nicht erforderlich, die Namen zu vermerken – sowie die relevanten Kompaßrichtungen. Der nächste Schritt besteht darin, Häkchen

152

oder Kreuze in die Tabelle einzuzeichnen, je nachdem, ob die Vorzeichen günstig oder ungünstig sind.

Schließlich werden die Häkchen und Kreuze für die Geburtszahl denjenigen für die Ausrichtung des Raums hinzugefügt.

Die Räume mit den meisten Häkchen sind offensichtlich geeigneter für einen bestimmten Bewohner als jene mit weniger Häkchen oder als solche mit Kreuzen.

Statt es jedoch dabei zu belassen, sollte ein sorgfältiger Feng-Shui-Berater seinen Klienten ein paar zweckdienliche Vorschläge im Hinblick auf ihre spezielle Situation machen, indem er die Bemerkungen zu den Vorzeichen auf den Seiten 110 ff. heranzieht sowie die Bemerkungen hinsichtlich der Interaktion der Elemente auf Seite 142 ff.

Fall 1

Zwei Männer haben für ein gemeinsames Unternehmen ein Geschäftsgebäude gekauft. Geben Sie Ratschläge im Hinblick auf die Nutzung der einzelnen Räume. Die Geburtsdaten der beiden sind (A) 14. September 1957 und (B) 3. Januar 1955. Das Gebäude ist nach Nordosten ausgerichtet.

Geburtsdatum (A): 14. September 1957
Geburtsdatum (B): 3. Januar 1955
Ausrichtung des Gebäudes: Nordosten

Aus früheren Übungen kennen wir die Geburtszahl und das persönliche Element der beiden Männer, und wir haben auch bereits eine Tabelle der Eignung erstellt (siehe S. 141). Wir vervollständigen den Kopf der folgenden Tabelle und setzen die verschiedenen früheren Ergebnisse an den entsprechenden Stellen ein.

Dann notieren wir die Ausrichtung des Gebäudes und wenden uns den Skizzen auf Seite 109 zu. Anhand dieser Skizzen sehen wir, daß für ein nach Nordosten orientiertes Gebäude die folgenden Vorzeichen für die einzelnen Richtungen gelten:

Norden	G	Himmlische Monade	Günstig	√
Nordosten	H	Orientierung	Günstig	√
Osten	A	Sechs Flüche	Ungünstig	x
Südosten	B	Fünf Geister	Ungünstig	x
Süden	C	Lebensende	Sehr ungünstig	xx
Südwesten	D	Langlebigkeit	Sehr günstig	√√
Westen	E	Unfälle und Mißgeschick	Sehr ungünstig	xx
Nordwesten	F	Vitalität	Sehr günstig	√√

Klient A: Geburtszahl 1
Persönliches Element .... Wasser
Klient B: Geburtszahl 7
Persönliches Element .... Metall
Ausrichtung des Gebäudes .... Nordosten

Element	Eignung (A)	(B)	Richtung	Vorzeichen	Eignung
Wasser	√	x	Norden	G	√
Erde	x x	√ √	Nordosten	H	√
Holz	x	√	Osten	A	x
Holz	x	√	Südosten	B	x
Feuer	√	x x	Süden	C	x x
Erde	x x	√ √	Südwesten	D	√ √
Metall	√ √	√	Westen	E	x x
Metall	√ √	√	Nordwesten	F	√ √

Nun fassen wir die obige Tabelle zusammen:

	Klient A	Klient B
Norden:	√ √	x √

Geeignet für Klient A; weniger geeignet für Klient B.

Nordosten:	x x √	√ √ √

Ungeeignet für Klient A; sehr geeignet für Klient B.

Osten:	x x	√ x

Ungeeignet für Klient A; geeignet für Klient B.

	Klient A	**Klient B**
Südosten:	x x	√ x

Ungeeignet für Klient A; geeignet für Klient B.

Süden:	√ x x	x x x x

Ungeeignet für Klient A; katastrophal für Klient B.

Südwesten:	x x √ √	√ √ √ √

Einigermaßen geeignet für Klient A; ausgezeichnet für
Klient B.

Westen:	√ √ x x	√ x x

Einigermaßen geeignet für Klient A; weniger gut für Klient B.

Nordwesten:	√ √ √ √	√ √ √

Ausgezeichnet für Klient A; sehr gut für Klient B.

Dieser Zusammenfassung können wir entnehmen, daß sich der
Raum im Nordwesten ausgezeichnet für den Klienten A eignet
und sehr gut für den Klienten B; das Vorzeichen ist «Vitalität».
Dies sollte das Zentrum der Organisation werden, und Klient A
sollte hier sein Büro haben. Die günstige Situation für den
Klienten B liegt im Südwesten. Zwischen den beiden Büros
könnte ein toter Raum wie beispielsweise eine Garderobe liegen.
Die südliche Position ist für beide Klienten ungünstig, deshalb
sollte man diesen Bereich am besten als Lagerraum nutzen.

Fall 2

Zwei Schwestern haben ein Haus gekauft. Geben Sie Ratschläge
im Hinblick auf die Lage der Schlafzimmer. Ihre Geburtsdaten
sind (A) der 4. Juli 1962 und (B) der 2. Februar 1959. Das Haus
ist nach Westen ausgerichtet.

Aus früheren Übungen kennen wir die Geburtszahlen und das
persönliche Element der beiden Schwestern, und wir haben auch
bereits eine Tabelle der Eignung erstellt. Wie im ersten Fall
fassen wir auch hier alle Informationen in einer Tabelle zusammen.

Klient A: Geburtszahl 2
Persönliches Element .... Erde
Klient B: Geburtszahl 3
Persönliches Element .... Holz
Ausrichtung des Gebäudes .... Westen

Element	Eignung (A)	(B)	Richtung	Vor-zeichen	Eignung
Wasser	√	√ √	Norden	E	x x
Erde	√	√	Nordosten	D	√ √
Holz	x x	√	Osten	C	x x
Holz	x x	√	Südosten	A	x
Feuer	√ √	x	Süden	B	x
Erde	√	√	Südwesten	G	√
Metall	x	x x	Westen	H	√
Metall	x	x x	Nordwesten	F	√ √

Zusammenfassung der Ergebnisse der obigen Tabelle:

	Klientin A	**Klientin B**
Norden:	√ x x	√ √ x x

Ungeeignet für Klientin A; geeignet für Klientin B.

Nordosten:	√ √ √	√ √ √

Äußerst geeignet für beide Klientinnen.

Osten:	x x x x	√ x x

Katastrophal für Klientin A; ungeeignet für Klientin B.

Südosten:	x x x	√ x

Ungeeignet für Klientin A; geeignet für Klientin B.

Süden:	√ √ x	x x

Relativ geeignet für Klientin A; ungeeignet für Klientin B.

Südwesten:	√ √	√ √

Gut für beide Klientinnen.

Westen:	x √	x x √

Günstig für Klientin A; schlecht für Klientin B.

Nordwesten:	x √ √	x x √ √

Ziemlich gut für Klientin A; günstig für Klientin B.

Leider haben die beiden Damen ein Haus gewählt, dessen Ausrichtung für sie beide zusammen nicht gerade ideal ist. Es gibt ein paar Räume, die für beide sehr geeignet sind; diese sollten sie gemeinsam nutzen, beispielsweise als Eßzimmer oder Wohnzimmer. Andererseits gibt es Räume, die sich als persönliche Zimmer der beiden eignen würden. Folglich sollte die eine der beiden den Raum mit den «drei Häkchen» im Nordwesten benutzen, die andere den gegenüberliegenden «Zwei-Häkchen-Raum». Wenn wir uns auf Seite 103 noch einmal die Tabelle der Familienbeziehungen anschauen, sehen wir, daß keines dieser beiden Trigramme die schwesterliche Beziehung repräsentiert, obgleich *Ken* (Nordosten) den jüngeren Sohn repräsentiert und *K'un* (Südwesten) die Mutter. Deshalb sollte vielleicht die ältere Schwester den südwestlichen Raum beziehen. Aufgrund der Ausrichtung des Hauses gibt es keine Räume mit wirklich gutem Feng-Shui für die beiden Schwestern. Die positiven Aspekte ihrer persönlichen Elemente werden durch die ungünstigen Einflüsse der Ausrichtung des Hauses neutralisiert.

In Fällen wie diesem könnte der Feng-Shui-Berater vorschlagen, einen möglicherweise existierenden Seiteneingang durch Umgestaltung der Aufteilung im Inneren des Hauses oder durch Verlegen des Zugangsweges zum Haupteingang zu machen. Die Damen müßten also bereit sein, einige Anstrengungen zu unternehmen, wenn sie das Feng-Shui ihres Hauses verbessern wollen.

Im nächsten Kapitel werden wir uns damit beschäftigen, welche praktischen Ratschläge ein Geomant nach Begutachtung eines Gebäudes für Geschäfts- oder Wohnzwecke seinen Kunden geben kann.

Weitere Aspekte der Geburtszahl

Es folgen noch ein paar Anmerkungen darüber, wie man diese Aspekte der Geburtstrigramme im Hinblick auf so unterschiedliche Probleme wie die Richtung, in die man reisen soll, wann man in ein anderes Haus umziehen soll oder auf welcher Seite des Betts der Mann bzw. die Frau schlafen sollte, berücksichtigen kann.

Die Position zweier Menschen

Zwei Menschen, die ein Schlafzimmer miteinander teilen, oder zwei Menschen, die an einer Werkbank oder einem Schreibtisch unmittelbar nebeneinander arbeiten, sollten ihre Position unter Berücksichtigung ihrer Geburtstrigramme wählen.

Die Regel lautet:

Wenn die Trigramme zweier Menschen eine unterschiedliche Grundrichtung haben, dann:

– sollte derjenige, dessen Grundrichtung der Osten ist, sich an dem Platz befinden, der eine Linkstendenz zur Grundrichtung Westen hat;

– sollte derjenige, dessen Grundrichtung Westen ist, sich an dem Platz befinden, der eine Rechtstendenz zur Grundrichtung Osten hat.

Wenn beide die gleiche Grundrichtung haben, ist die Position unwichtig. Diese Regeln mögen kompliziert klingen, doch sie lassen sich stark vereinfachen. Trigramme der östlichen Horizontalachse gehören zu den Geburtszahlen 1, 3, 4 und 9; die restlichen Trigramme sind der Grundrichtung Westen zugeordnet.

Menschen mit den Geburtszahlen 1, 3, 4 und 9 sollten sich im Osten, Nordosten, Norden oder Nordwesten von Menschen plazieren, deren Geburtszahlen 2, 5, 7 oder 8 sind, und umgekehrt.

Reisen und Wechsel des Wohnsitzes

Viele Geschäftsleute in Asien konsultieren Feng-Shui-Tabellen, bevor sie eine Reise antreten. Ebenso kann die Geburtszahl als Ratgeber dienen, in welche Richtung man am besten reisen sollte, wenn man den Geburtsort verlassen muß, um in eine andere Stadt zu ziehen, oder wenn man beabsichtigt, auszuwandern und sich anderswo eine neue Existenz aufzubauen.

Die Regel lautet:
   Ost-Orientierung hat eine Grundtendenz nach links;
   West-Orientierung hat eine Grundtendenz nach rechts.

Wenn die betreffende Person gezwungen ist, in eine Richtung zu reisen, die ihrer natürlichen Grundtendenz widerspricht, sollte die Reiseroute so abgeändert werden, daß man sich dem Ziel von der richtigen Seite her nähert.

NW 6	N 1	NO 8,5 (m)
W 7		O 3
SW 2,5 (w)	S 9	SO 4

Diagramm, das die Geburtszahlen, die (Himmels-)Richtungen, die Grundrichtungen und die Links- bzw. Rechts-Grundtendenz zusammenfaßt.

Grundrichtung

Die Geburtszahlen 1, 3, 4, 9 gehören der Grundrichtung Osten an und tendieren nach «links».

Die Geburtsziffern 2, 5, 6, 7, 8 gehören der Grundrichtung Westen an und tendieren nach «rechts».

Links-Rechts-Grundtendenz

Richtungen mit Links-Tendenz sind NW, N, NO, O.

Richtungen mit Rechts-Tendenz sind W, SW, S, SO.

Erstellung eines Feng-Shui-Diagramms für den Eigenbedarf

Nachdem Sie nun alle Schritte zum Erstellen eines Feng-Shui-Horoskops kennengelernt haben, werden Sie sicherlich für sich selbst oder für Ihre Freunde ein solches Diagramm erstellen wollen.

Am Ende dieses Kapitels finden Sie ein Blanko-Diagramm, das Sie nur noch auszufüllen brauchen. Damit Sie sich die Einzelheiten nicht weiter vorn im Buch mühsam zusammensuchen müssen, werde ich nun alle wichtigen Schritte noch einmal zusammenfassen und dazu auch die notwendigen Tabellen noch einmal abbilden. Die Details habe ich allerdings weggelassen, da sie ja bereits in den jeweiligen Abschnitten beschrieben worden sind.

Beachten Sie, daß das persönliche Diagramm für zwei Personen angelegt ist, die im selben Haus oder in derselben Wohnung leben. Dadurch wird es möglich, die beiden Diagramme zu vergleichen und zu prüfen, ob bestimmte Räume für den einen Bewohner günstiger sind als für den anderen.

Verfahren

1. Erforderliche Informationen: (Name); Geburtsdatum des Bewohners; Geschlecht des Bewohners, Ausrichtung des Gebäudes.
   Eintragen in das persönliche Diagramm.
2. Korrektur des Geburtsjahres, wenn das Geburtsdatum vor dem 4. oder 5. Februar liegt.

3. Berechnung der Geburtszahl:
bei Männern:
Ausgangspunkt sind die beiden letzten Ziffern des korrigierten Sonnenjahrs.
Teilen Sie durch 9.
Wenn der Rest gleich 0 ist, wird mit 9 weitergerechnet.
Der Rest der Division wird von 10 subtrahiert.
Das Ergebnis ist die Zahl des Jahres.
Bei Frauen:
Ausgangspunkt sind die beiden letzten Ziffern des korrigierten Sonnenjahrs.
Addieren Sie 5.
Teilen Sie durch 9.
Bei Rest 0 ist das Ergebnis 9.
Der Rest ist die Zahl des Jahres.
4. Ermitteln Sie die Geburtszahl anhand der Tabelle A auf Seite 163.
Tragen Sie sie in das persönliche Diagramm ein.
5. Suchen Sie das persönliche Element in Tabelle B auf Seite 164.
Tragen Sie es in das persönliche Diagramm ein.
6. Tragen Sie die Angaben über die Eignung für die Elemente in das persönliche Diagramm ein. Das Element, das
erzeugend ist: $\sqrt{}\sqrt{}$
gleich ist: $\sqrt{}$
erzeugt wird: x
zerstört wird: $\sqrt{}$
zerstörend ist: xx

Der generative Kreislauf (Erzeugungssequenz) der Elemente ist **Holz→Feuer→Erde→Metall→Wasser→(Holz)**
Der destruktive Kreislauf (Zerstörungssequenz) der Elemente ist **Holz → Erde → Wasser → Feuer → Metall → (Holz)**

7. Suchen auf der Tafel der Vorzeichen (S. 165) das Diagramm heraus, das der Orientierung des Gebäudes entspricht.

Tragen Sie die Schlüsselbuchstaben neben den ihnen entsprechenden Richtungen auf dem persönlichen Diagramm ein.

8. Entnehmen Sie die Namen der Vorzeichen sowie die Angaben über deren Eignung Tabelle C, und tragen Sie alles in das persönliche Diagramm ein.

9. Fassen Sie die Eignung der einzelnen Richtungen zusammen.

10. Erläutern Sie das Ergebnis.

Tabelle A   Sonnenmonate und Geburtszahlen

Ungefähres Datum	Zahl des Jahres		
des Beginns des Sonnenmonats	1 4 7	2 5 8	3 6 9
	m w	m w	m w
1. *Monat beginnt am* 4.–5. Feb.	8 7	2 4	5 1
2. *Monat beginnt am* 5.–7. März	7 8	1 5	4 2
3. *Monat beginnt am* 4.–6. April	6 9	9 6	3 3
4. *Monat beginnt am* 5.–7. Mai	5 1	8 7	2 4
5. *Monat beginnt am* 5.–7. Juni	4 2	7 8	1 5
6. *Monat beginnt am* 7.–8. Juli	3 3	6 9	9 6
7. *Monat beginnt am* 7.–9. Aug.	2 4	5 1	8 7
8. *Monat beginnt am* 7.–9. Sept.	1 5	4 2	7 8
9. *Monat beginnt am* 8.–9. Okt.	9 6	3 3	6 9
10. *Monat beginnt am* 7.–8. Nov.	8 7	2 4	5 1
11. *Monat beginnt am* 7.–8. Dez.	7 8	1 5	4 2
12. *Monat beginnt am* 5.–7. Jan.	6 9	9 6	3 3

Tabelle B   Persönliches Element

Geburtszahl	Persönliches Element
1	Wasser
2	Erde
3	Holz
4	Holz
5 m	Erde
5 w	Erde
6	Metall
7	Metall
8	Erde
9	Feuer

Tabelle C   Vorzeichen

A	Sechs Flüche	ungünstig	x
B	Fünf Geister	ungünstig	x
C	Lebensende	sehr ungünstig	x x
D	Langlebigkeit	sehr günstig	√ √
E	Unfälle und Mißgeschick	sehr ungünstig	x x
F	Vitalität	sehr günstig	√ √
G	Himmlische Monade	günstig	√
H	Ausrichtung des Gebäudes	günstig	√

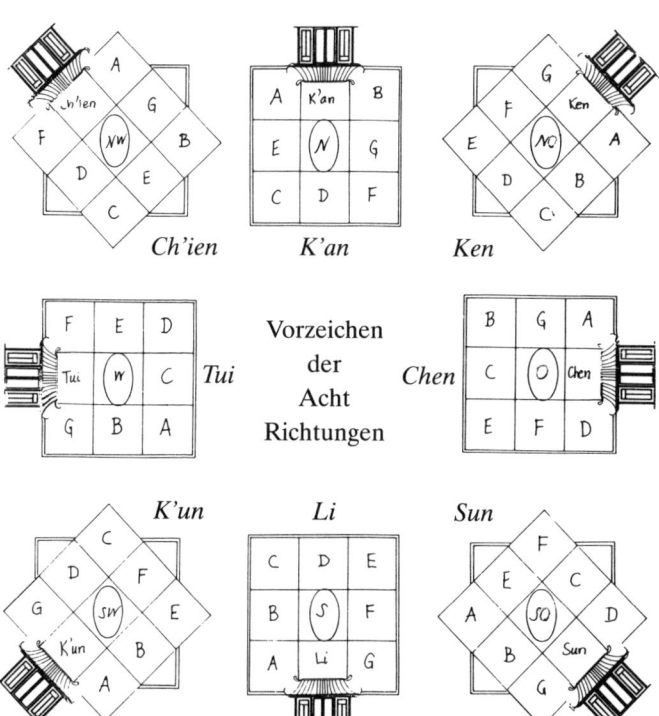

Ch'ien   K'an   Ken

Tui   Vorzeichen der Acht Richtungen   Chen

K'un   Li   Sun

Persönliches Diagramm

Erster Bewohner:

Name _____

Geburtstag _____

Geschlecht: m/w _____

Ausrichtung des Gebäudes _____

Geburtszahl _____

Geburtselement _____

Zweiter Bewohner:

Name _____

Geburtstag _____

Geschlecht: m/w _____

Ausrichtung des Gebäudes _____

Geburtszahl _____

Geburtselement _____

Element	Eignung (A)	(B)	Richtung	Vor- zeichen	Eignung
Wasser	_____	: _____	Norden	_____	: _____
Erde	_____	: _____	Nordosten	_____	: _____
Holz	_____	: _____	Osten	_____	: _____
Holz	_____	: _____	Südosten	_____	: _____
Feuer	_____	: _____	Süden	_____	: _____
Erde	_____	: _____	Südwesten	_____	: _____
Metall	_____	: _____	Westen	_____	: _____
Metall	_____	: _____	Nordwesten	_____	: _____

Persönliches Diagramm

Erster Bewohner:

Name _____

Geburtstag _____

Geschlecht: m/w _____

Ausrichtung des Gebäudes _____

Geburtszahl _____

Geburtselement _____

Zweiter Bewohner:

Name _____

Geburtstag _____

Geschlecht: m/w _____

Ausrichtung des Gebäudes _____

Geburtszahl _____

Geburtselement _____

Element	Eignung (A)	(B)	Richtung	Vor-zeichen	Eignung
Wasser	_____	: _____	Norden	_____	: _____
Erde	_____	: _____	Nordosten	_____	: _____
Holz	_____	: _____	Osten	_____	: _____
Holz	_____	: _____	Südosten	_____	: _____
Feuer	_____	: _____	Süden	_____	: _____
Erde	_____	: _____	Südwesten	_____	: _____
Metall	_____	: _____	Westen	_____	: _____
Metall	_____	: _____	Nordwesten	_____	: _____

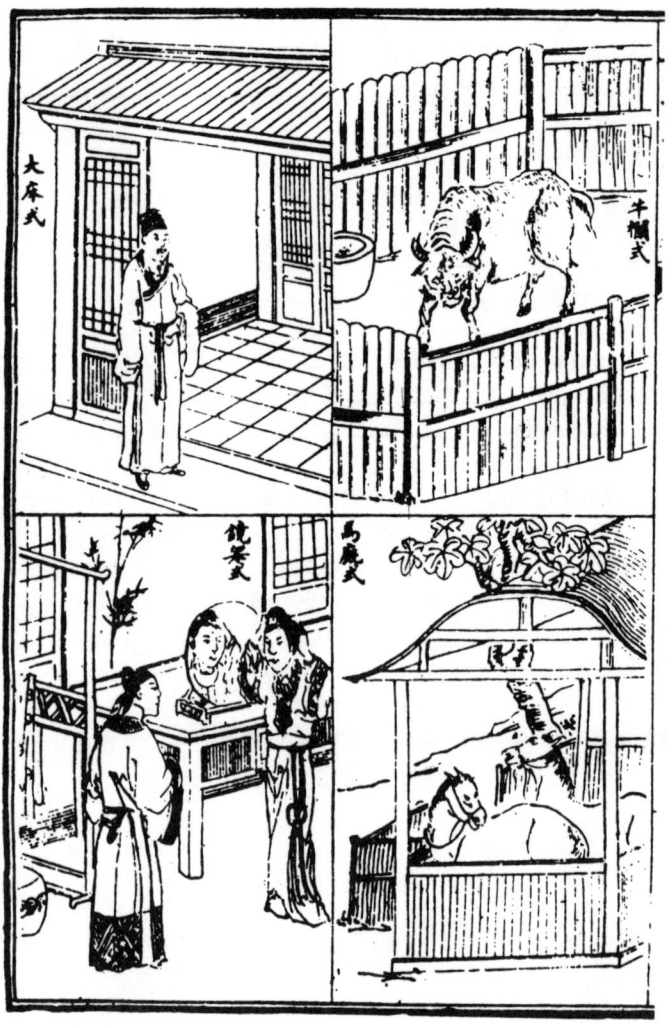

168

7 Rat und Volksweisheiten

Am Anfang dieses Buches wurde erwähnt, daß es zwei Hauptschulen der Feng-Shui-Lehre gibt, die Formschule und die Kompaßschule. In den vorangegangenen Kapiteln haben wir die Methoden kennengelernt, nach denen die Praktiker dieser beiden Schulen vorgehen. Es gibt jedoch noch etwas, das man als «dritte» Feng-Shui-Schule bezeichnen könnte. Dabei handelt es sich um eine umfangreiche Sammlung von Ratschlägen darüber, was man tun bzw. unterlassen sollte – eine Sammlung von Spruchweisheiten unterschiedlichsten Ursprungs. Einige dieser Einsichten lassen sich auf Erkenntnisse der Formschule oder der Kompaßschule zurückführen, anderen liegen logische Erwägungen zugrunde, doch die meisten haben ihren Ursprung vermutlich im Schamanismus. Deshalb findet man in Büchern über Feng-Shui häufig am Ende ein Kapitel über Schamanismus und magische Zeichen zur Abwehr der bösen Geister der Krankheit.

Natürlich haben derartige Zaubersprüche weder mit der Formschule noch der Kompaßschule etwas zu tun. Trotzdem sind sie für Chinesen, die den Rat eines Geomanten suchen, ein authentischer Bestandteil der Beratung. Es kann sogar sein, daß der Klient regelrecht enttäuscht ist, wenn der Feng-Shui-Meister ihm zum Schluß keinen versiegelten Umschlag mit geheimen Zaubersprüchen überreicht, der im Garten vergraben, an einen Türbalken geheftet oder unter einen Teppich gelegt werden soll. Wer nach China reist oder wer Chinesen kennt, die außerhalb ihrer Heimat leben, wird gewiß auch noch andere Merkwürdigkeiten registrieren können, die dazu dienen, eine potentiell gefährliche Feng-Shui-Situation zu verbessern. Billige Bambusflöten, Kristallgehänge, klingender Schmuck und anderer Nippes soll auf die verschiedenste Weise bedrohlichen Feng-Shui-Situationen entgegenwirken. Ich möchte diese Dinge hier der Vollständigkeit halber erwähnen, doch man sollte bedenken, daß solche volkstümlichen Zaubermittel nicht Bestandteil der großen Feng-Shui-Traditionen sind, so wie sie von den Begründern der Form- und Kompaßschule entwickelt wurden, sondern unorthodoxe, zum Teil modische Ergänzungen einer komplexen und präzisen Wissenschaft. Aber sie gehören irgendwie dazu und sollen daher auch in diesem Buch nicht übergangen werden.

Viele der Lösungen, die angeblich widrige Feng-Shui-Zustände beheben sollen – beispielsweise das Aufstellen von Spiegeln an strategisch wichtigen Stellen –, basieren auf dem Prinzip, daß bösartige Energieströme (das *Sha*) sich ablenken lassen, weil sie sich meist in geraden Linien fortbewegen. Andere Heilmittel, etwa das allgegenwärtige kugelförmige Goldfischglas, lassen sich entfernt aus der Lehre von den Fünf Elementen ableiten. Ein großer Teil des allgemein verbreiteten Maßnahmenrepertoires jedoch – und insbesondere die unvermeidliche Verwendung von Symbolen der Acht Trigramme als universelles Mittel zur Vertreibung von Dämonen – ist kein Bestandteil des authentischen Kanons der chinesischen Geomantie, obgleich derartige Dinge häufig mit ihr in Verbindung gebracht werden.

Wie man ungünstige Feng-Shui-Bedingungen korrigiert

Es gibt zwei Hauptklassen von Mitteln, auf die man bei potentiell schädlichen Feng-Shui-Bedingungen zurückgreifen kann:

(a) solche, die den *Ch'i*-Fluß begünstigen und das schädliche *Sha* ablenken;

(b) und solche, die das Gleichgewicht der Fünf Elemente wiederherstellen.

Diesen beiden Kategorien kann man noch die Talismane hinzufügen, außerdem glückbringende Zaubersprüche sowie andere Objekte, die häufig irgendwo im Haus aufgestellt oder angebracht werden, um böse Geister abzuwehren oder um Glück anzuziehen.

170

Wenn es darum geht, den *Ch'i*-Fluß zu verbessern, muß man darauf hinarbeiten, daß dieser ungehindert durch das Gebäude fließen kann. Die positiven Energieströme müssen durch den Haupteingang ins Haus kommen und es durch den Hintereingang oder durch ein Fenster wieder verlassen, nachdem sie möglichst durch jeden Raum des Gebäudes geflossen sind.

Zunächst wird der Geomant gewöhnlich Vorschläge unterbreiten, wie das Gebäude gestaltet und die verfügbaren Räume aufgeteilt und optimal genutzt werden können. Ist es möglich, die Aufhängung einer Tür so zu verändern, daß diese sich in eine andere Richtung öffnet? Kann man an einer bestimmten Stelle eine Mauer hochziehen? Läßt sich an diesem oder jenem Punkt ein weiterer Eingang oder ein Fenster einbauen?

Wenn die finanziellen Möglichkeiten des Hausbesitzers derartige strukturelle Veränderungen nicht erlauben, schlägt der Geomant weniger aufwendige Möglichkeiten vor, beispielsweise das Anbringen von Spiegeln und Wandschirmen, die den *Ch'i*-Fluß umlenken sollen. Spiegel und Fächer sind bei dieser Art der Feng-Shui-Lenkung die wichtigsten Mittel.

Ein scharfsinniger Feng-Shui-Berater hat jedoch vermutlich von Anfang an die finanziellen Möglichkeiten des Klienten im Blick, bevor er irgendwelche Vorschläge macht. Auf diese Weise kann er verhindern, daß der nachträgliche Vorschlag einer preiswerteren Alternative vom Klienten als weniger wirksame Notlösung empfunden wird. Der Geomant sollte den Ratsuchenden in keinem Fall mit einem Gefühl des Unbehagens zurücklassen.

Auch Vorschläge zur Korrektur eines Ungleichgewichtszustandes der Elemente können im Extremfall bauliche Veränderungen nach sich ziehen. Wenn der Klient ohnehin darauf eingestellt ist, daß er solche Veränderungen durchführen muß, kann der Geomant die Gelegenheit nutzen, ihm vorzuschlagen, spitze Fenster (die das Feuer symbolisieren) in bogenförmige (die Metall repräsentieren) umzuwandeln, da Erde Metall erzeugt, jedoch selbst durch Feuer hervorgebracht wird. Werden

171

dagegen solche Veränderungen größeren Ausmaßes nicht in Betracht gezogen, wird er einfach raten, an der betreffenden Stelle einen Gegenstand zu plazieren, der das bezwingende Element symbolisiert.

Schließlich könnte der chinesische Feng-Shui-Praktiker dem Klienten noch einen Umschlag geben, der eine magische Kalligraphie enthält, oder er könnte vorschlagen, das Bild oder die Statuette eines Heiligen oder Unsterblichen als Schutz gegen schädliche übernatürliche Kräfte an einem geeigneten Ort aufzustellen.

Wie man positives *Ch'i* fördert

Um festzustellen, ob positives *Ch'i* in ausreichendem Maße durch das Gebäude fließt, sollte man von jedem Stockwerk einen Plan zeichnen. Es sollte möglich sein, eine Linie in diesen Plan einzutragen, die am Haupteingang beginnt (oder, wenn es sich um eine der oberen Etagen handelt, im Treppenhaus) und durch das gesamte Stockwerk läuft, durch jeden Raum, um es schließlich auf einem anderen Weg wieder zu verlassen. *Ch'i* sollte das Haus nicht auf dem gleichen Weg wieder verlassen müssen, auf dem es ins Haus gekommen ist. Es kann sich jedoch aufteilen, durch mehrere Räume strömen und das Haus durch mehrere Ausgänge wieder verlassen, so wie ein Fluß auf seinem Weg eine Reihe von Inseln umfließen kann. Den Weg des *Ch'i* durch ein Haus kann man fördern, indem man dafür sorgt, daß sich alle Türen in Richtung des *Ch'i*-Flusses öffnen.

Eingangstüren sollten sich, aus der Sicht der Feng-Shui-Lehre, nach innen öffnen, auch wenn es bei öffentlichen Gebäuden häufig gesetzlich vorgeschrieben ist, daß sie sich nach außen öffnen. Haustüren von Wohnhäusern öffnen sich jedoch stets nach innen, so daß es da kaum Probleme gibt. Bei öffentlichen Gebäuden jeder Art erfüllen Drehtüren mehrere nützliche Funktionen: Einerseits wird auf diese Weise der Sicherheitsvorschrift entsprochen, daß sich die Eingangstür nach außen öffnen muß, und andererseits kommt diese Lösung der Feng-Shui-Lehre entgegen, daß sich eine Tür nach innen öffnen sollte, so daß *Ch'i* nicht nur leicht ins Haus gelangen, sondern ebenso leicht auch wieder hinausfließen kann.

Wenn das Gebäude eine Doppeltür hat – vielleicht hat das Haus ein Portal oder, falls es sich um ein Bürogebäude handelt, eine Eingangshalle –, sollten sich beide Türflügel in dieselbe Richtung öffnen. Wenn sie sich in unterschiedliche Richtungen öffnen oder wenn sie nicht in gerader Linie ausgerichtet sind, wird *Ch'i* daran gehindert, ins Gebäude zu fließen.

Tote Bereiche

Bereiche, die der *Ch'i*-Fluß nicht erreicht, sind tot. Vermeiden Sie tote Ecken, indem Sie an solchen Stellen Truhen, große Zimmerpflanzen oder Zierat aufstellen.

In geschlossenen, fensterlosen Räumen stirbt *Ch'i* ab, und verbrauchtes *Ch'i* hat eine schwächende Wirkung auf alle, die an solchen Stellen arbeiten oder schlafen müssen. Solche toten Bereiche lassen sich nur als Lagerräume oder begehbare Schränke zufriedenstellend nutzen. Damit das tote *Ch'i* sich zerstreuen kann, ist es wichtig, daß die Türen sich nach außen öffnen. Es gibt zwei typische Fälle für eine solche Situation: Garagen und Versammlungsräume.

Moderne Feng-Shui-Berater behaupten, es sei schädlich, ein Schlafzimmer über einer Garage zu haben, da diese ein geschlossener Raum sei und sich deshalb dort totes *Ch'i* ansammeln würde. Die banalste Erklärung für die Schädlichkeit eines solchen Raumes ist, daß die Abgase aus der Garage in den darüberliegenden Raum dringen und den Schlafenden allmählich vergiften.

Räumlichkeiten, die der Unterhaltung dienen, wie Kinos, Theater und Konzertsäle, und die aufgrund ihrer Funktion völlig geschlossen und fensterlos sein müssen, sind besonders schlecht

173

für *Ch'i*. Glücklicherweise braucht das Menschen, die nur wenige Stunden in der Woche in solchen Räumen verbringen, nicht sonderlich zu beunruhigen. Da sich in derartigen Gebäuden wegen der Feuerschutzvorschriften alle Türen nach außen öffnen müssen, wird damit gleichzeitig für die Zerstreuung des toten *Ch'i* gesorgt. Bei Versammlungs- und Gemeinschaftsräumen, deren Türen sich aufgrund irgendeiner Gesetzeslücke noch immer nach innen öffnen, sollte das schnellstens geändert werden.

Verlorenes *Ch'i*

Vermeiden Sie Fenster in einander gegenüberliegenden Wänden eines Raums. Diese veranlassen das energiespendende *Ch'i*, direkt durch den Raum hindurchzufließen, ohne zuvor den betreffenden Bereich mit seinen lebensstärkenden Kräften angereichert zu haben. Außerdem hat ein Raum mit Fenstern vis-à-vis psychologisch gesehen keinen Fixpunkt, weshalb es für jeden, der sich in einem solchen Raum aufhält – zumindest mental –, schwierig ist, einen gemütlichen Platz zu finden. Um dem entgegenzuwirken, kann man das eine Fenster zum «Aussichtsfenster» machen und das andere auf irgendeine Weise abdunkeln. So wird das *Ch'i* dazu veranlaßt, durch den ganzen Raum zu fließen, bevor es ihn durch das «Aussichtsfenster» wieder verläßt.

Ebenso kann *Ch'i* in einem Haus, das durch einen Korridor geteilt ist oder in dem die Hintertür von der Eingangstür aus zu sehen ist, geradewegs durch das Gebäude hindurchfließen, ohne daß sein positiver Einfluß wirksam wird. In solchen Fällen sollte man darüber nachdenken, ob sich der Hinterausgang verlegen läßt. Allerdings ist so etwas meistens nicht möglich. Eine einfachere Lösung wäre, den Hintereingang vom Haupteingang abzuschirmen, indem man an einer geeigneten Stelle im Flur eine Trennwand oder einen Vorhang anbringt, so daß die Hintertür von der Vordertür aus nicht zu sehen ist.

Auf die gleiche Weise kann man verfahren, wenn die Treppe unmittelbar auf den Vordereingang zuführt. Gewöhnlich ist es nicht möglich, den Treppenaufgang zu versetzen, obgleich auch dies gelegentlich gemacht wird. Allerdings läßt sich manchmal der unterste Teil der Treppe in eine andere Richtung lenken. Praktikabler ist es jedoch gewöhnlich, die Treppe durch einen Garderobenständer oder einen Vorhang unmittelbar am unteren Ende der Treppe vom Vordereingang abzuschirmen.

Häufig wird auch das Bild eines Wächters aufgehängt – ähnlich den dämonenköpfigen Wasserspeiern an Kirchen –, um unheilvolle Einflüsse abzuwehren. Der Wächter kann ein religiöses Bildnis sein, die Darstellung einer taoistischen Gestalt oder eines Heiligen, eine Buddhafigur oder ein wachsames Tier wie ein Löwe, ein Hund oder ein Drache. Spiegel, das Zeichen der Acht Trigramme, Windglocken und Gongs werden ebenfalls für diesen Zweck verwendet.

Wie man bösartiges *Sha* abwehrt

Spiegel

Spiegel werden am häufigsten verwendet, und zwar sowohl um den *Ch'i*-Fluß zu fördern als auch um den Weg des *Sha* abzulenken.

Man sollte Spiegel an Punkten anbringen, an denen sich das *Ch'i* fängt, so daß es mit Hilfe der Spiegel den gewünschten Weg nehmen kann. Spiegel setzt man auch ein, um die geheimen Pfeile abzulenken, die durch vorspringende Gebäudeecken entstehen, welche auf einen bestimmten Raum des Hauses weisen. An der richtigen Stelle plaziert, wirft ein solcher Spiegel das bedrohliche Bild auf sich selbst zurück, wobei er gleichzeitig innerhalb des Raumes eine andere, positivere Szene zeigt, beispielsweise einen Teil des Gartens.

Es gibt jedoch einen wichtigen Unterschied hinsichtlich der Plazierung der Spiegel, die den *Ch'i*-Fluß fördern sollen, und jener, die *Sha* ablenken sollen. Erstere werden in einem Winkel aufgehängt, damit das *Ch'i* den gewünschten Weg nimmt, letztere sollten das *Sha* aus dem Gebäude herausreflektieren.

Spiegel kann man auch in Badezimmern und Toiletten anbringen, wenn diese keine Fenster haben. Andernfalls wären dies tote Bereiche, in denen *Ch'i* stagniert. Chinesische Feng-Shui-Kenner berichten, daß Menschen, deren Toiletten in dieser Weise «tot» sind, ihre Gesundheit gefährden – vor allem natürlich die ihrer Verdauungsorgane.

Sehr wichtig ist es, Spiegel in Schlafzimmern nicht achtlos aufzuhängen. Eine zu stark anregende Atmosphäre raubt den Schlafenden die Ruhe. Außerdem sind die Chinesen davon überzeugt, daß die Seele während der Nacht den Körper verläßt, damit dieser sich erholen kann. Sieht die Seele jedoch in dem Augenblick, in dem sie sich aus dem Körper erheben will, ihr eigenes Spiegelbild, bleibt sie, wo sie ist, und stört so die Nachtruhe des Betreffenden durch Angst- und Alpträume.

Falls jemand im Schlafzimmer unbedingt einen Spiegel aufhängen möchte – beispielsweise über einer Ankleidekommode –, dann sollte dieser so angebracht werden, daß er nicht den Schlafenden spiegelt, sondern dieser vom Bett aus die Tür in ihm sieht. So kann der Ruhende frühzeitig erkennen, ob sich ein Eindringling an der Tür zu schaffen macht.

Balken

Bei Schlafzimmern hält die «dritte» Feng-Shui-Schule es für ungünstig, wenn sich über dem Kopf des Schlafenden Balken befinden. Wenn das Schlafzimmer so klein ist, daß sich das nicht vermeiden läßt, sollte der Balken parallel zum Bett verlaufen, in keinem Fall jedoch quer darüber. Falls auch das nicht zu verhindern ist, sollte man das Bett so aufstellen, daß der Balken über dem Körper des Schlafenden statt über dem Kopf verläuft.

Vielleicht stammt diese Regel aus einer Zeit, da die Häuser noch nicht so stabil gebaut waren. Beherzigte man die Anweisung nämlich, so hatte man eine gewisse Chance zu überleben, wenn das Gebäude einstürzte.

Ebenso sollte man in einem Wohnzimmer mit Deckenbalken die Sitzgelegenheiten so plazieren, daß sich unmittelbar darüber keine Balken befinden.

Brücken

Brücken sind eine spezielle Ursache für *Sha*. Die Konstruktion einer Brücke ist dabei wesentlich wichtiger als der Weg oder die Straße, die zu ihr hinführt. Deshalb gelten Brücken grundsätzlich als potentiell gefährliche Punkte, an denen schädliches *Sha* in eine bestimmte Richtung gelenkt wird.

Häufig wurde zur Abwendung der Bedrohung gegenüber derBrücke eine Steintafel errichtet, auf welche der Satz «*Shih Kan Tang*» eingemeißelt war: «Der Stein wagt es, Widerstand zu leisten». Außerdem wurden manchmal Tigerköpfe oder der Name des heiligen Berges T'ai Shan eingraviert.

Wie man einen Ungleichgewichtszustand der Elemente ausgleicht

Wie wir bereits gesehen haben (siehe S. 86ff.), kann man eine potentielle Gefahr infolge der Unausgewogenheit zweier Elemente durch Einführung eines dritten, «regulierenden» Elements an einem geeigneten Punkt abwenden oder schwächen. Die gleiche Regel gilt auch, wenn ein bedrohliches äußeres Objekt vorhanden ist, das sich einem bestimmten Element zuordnen läßt.

Wenn es nur ein bedrohliches Element gibt, sollte das neu einzuführende Element jenes sein, welches das bedrohliche bezwingt (bzw. zerstört). Alternativ könnte man auch zwei Elemente neu einführen, von denen eines das bedrohliche Element hervorbringt (erzeugt), während das andere dieses zerstört. Wenn die Bedrohung durch ein «Ungleichgewicht» der Elemente verursacht wird, sollte das neueingeführte Element das «regulierende» Element sein.

Beispiele für bedrohliche Repräsentationen von Elementen

Die häufigsten Faktoren, die Häuser (Standorte) bedrohen, sind:

Holz-Typ

Säulen und Pfeiler, zum Beispiel Laternenpfähle, Telefonmasten oder sogar Bäume vor einem in Südrichtung liegenden Fenster. Ihre Form gehört zum «Holz»-Typ. Bezwingendes Element: Metall.

Dies ist eine sehr verbreitete Art von Bedrohung im Sinne der Feng-Shui-Lehre, und gewöhnlich versucht man, sie mit der allgegenwärtigen Goldfischkugel zu bekämpfen. Wasser ist das

Element, das Holz erzeugt, wodurch die Bedrohung scheinbar noch verstärkt wird. Doch der Goldfisch, der das Element Feuer repräsentiert, wird durch Holz erzeugt. Dadurch werden die drei Elemente ausgeglichen. Dies ist ein Beispiel für ein zusammengesetztes Element-Heilmittel.

Feuer-Typ

Spitzdächer und Kirchturmspitzen. Zerstörendes Element: Wasser. Man kann einen Springbrunnen, einen Wasserhahn oder einen Getränkeautomaten gegenüber dem Fenster installieren. Die zusammengesetzten Elemente wären hier Holz (erzeugt Feuer) und Erde (wird durch Feuer erzeugt): Die richtige Plazierung einer Topfpflanze wäre das geeignete Element-Heilmittel.

Erd-Typ

Ein Gebäude, dessen Flachdach die Sicht aus dem Fenster halb verdeckt, eine Kirche mit einem Turm (Tempel und Kirchen in der Nähe sind nicht sonderlich beliebt – sie vertreiben Dämonen, die sich dann eine neue Wohnstätte suchen müssen!) und andere unerfreuliche Dinge, die eine horizontale Linie bilden, erzeugen *Sha* vom Erd-Typ. Holz ist das destruktive Element. Das zusammengesetzte Element-Heilmittel besteht in diesem Fall aus Feuer und Metall – beispielsweise Kerzen in einem Kerzenhalter aus Metall.

Metall-Typ

Bedrohungen vom Metall-Typ kommen nicht häufig vor, aber man könnte das abgerundete Dach eines Gasbehälters aus Metall als eine solche ansehen oder so ungewöhnliche Dinge wie Ornamente aus Schwertern oder Äxten auf den Fassaden von Tempeln, die dem Haus (Standort) unmittelbar gegenüberliegen. Das Heilmittel, bei dem nur ein Element zur Anwendung kommt, wäre in diesem Fall Feuer, welches durch ein Herdfeuer, durch Kerzen oder durch Weihrauch repräsentiert werden kann; das Heilmittel aus zwei Elementen müßte aus Erde und Wasser bestehen, etwa einem Garten mit Springbrunnen und Steinblöcken.

Wasser-Typ

Heute können Bedrohungen vom Wasser-Typ durch Elektroinstallationen entstehen sowie durch ungünstige Konfigurationen von Wasser-Mustern, mit denen wir uns gleich noch beschäftigen werden. Das aus einem Element bestehende Heilmittel ist hier Erde, zum Beispiel repräsentiert durch große Stein- oder Keramikskulpturen, die man an einem geeigneten Punkt aufstellt. Das Zwei-Elemente-Heilmittel müßte aus Metall und Holz bestehen; dabei kann es sich um Objekte handeln, die aus diesen beiden Materialien hergestellt sind, beispielsweise um einen Trockenblumenstrauß (keine Plastikblumen!) in einem Bronzetopf.

Nun wollen wir von der anderen Seite an die Problematik herangehen und untersuchen, wie man einen Ungleichgewichtszustand ausgleichen kann, wenn das Element der Umgebung mit dem Element des Hauses bzw. Standorts kontrastiert.

Beispielsweise könnten die umgebenden Gebäude dem Element-Typ des Gebäudes, in dem der Klient wohnt oder arbeitet, nicht entsprechen. Oder das Element des Trigramms, das sich auf die Ausrichtung des Raums bezieht, harmoniert nicht mit dem Element des Geburtstrigramms des Klienten.

Es folgt die Beschreibung zehn möglicher Situationen plus Vorschlägen zur Einführung eines regulierenden Elements.

Holz als regulierendes Element

Wenn Feuer durch Wasser bedroht wird
oder
Wenn Wasser durch Erde bedroht wird

Holz wird durch Säulenformen, durch die Farbe Grün und durch das pflanzliche Leben repräsentiert. Je nach Situation könnte der Feng-Shui-Berater vorschlagen, an einem geeigneten Platz Zimmerpflanzen, einen hölzernen Wandschirm oder eine geschnitzte Statue (beispielsweise eine Buddhafigur oder eine taoistische Gottheit) hinzustellen, grüne Dekorationen anzubringen oder hohe immergrüne Bäume hinter dem Haus (niemals davor) anzupflanzen.

Feuer als regulierendes Element

Wenn Erde durch Holz bedroht wird
oder
Wenn Holz durch Metall bedroht wird

Feuer wird durch die Farbe Rot und durch scharfe Kanten sowie durch das Feuer selbst repräsentiert. Es kann sein, daß die innere Aufteilung des Gebäudes verändert werden muß, damit das Zentrum des Heizsystems an einen günstigeren Punkt verlegt werden kann. Eine weniger extreme Lösung wäre, entweder die Tapete oder die Stoffdekorationen mit einem Tupfer feuerroter Farbe zu versehen.

Erde als regulierendes Element

Wenn Metall durch Feuer bedroht wird
oder
Wenn Feuer durch Wasser bedroht wird

Wenn das regulierende Element Erde ist, kann der Feng-Shui-Berater vorschlagen, einen Sandgarten anzulegen, eine Ziermauer zu errichten oder, wenn es eine weniger einschneidende Maßnahme sein soll, an einem sorgfältig ausgewählten Platz eine Keramikfigur aufzustellen. Ockergelbe Verzierungen sind eine weitere Möglichkeit, das Element Erde zu repräsentieren.

Metall als regulierendes Element

Wenn Wasser durch Erde bedroht wird
oder
Wenn Erde durch Holz bedroht wird

Schmiedeeiserne Gitter und Metallskulpturen sind Möglichkeiten, das Element Metall einzuführen. In den meisten Fällen ist es jedoch wahrscheinlich einfacher, im Innern des Hauses einiges umzuorganisieren. In einer Küche beispielsweise könnte man den Schrank mit den Küchenutensilien aus Metall an einen anderen Platz stellen. Bei kommerziell genutzten Gebäuden ist es vielleicht sinnvoller, die Wände weiß zu streichen. (Die Farbe Weiß symbolisiert Metall.)

Wasser als regulierendes Element

Wenn Holz durch Metall bedroht wird
oder
Wenn Metall durch Feuer bedroht wird

Wenn es nicht möglich ist, Springbrunnen und Wasserbecken in einem Gebäude anzulegen (obgleich diese Möglichkeiten im Fernen Osten sowohl wegen ihres ästhetischen Reizes als auch wegen ihrer Feng-Shui-Eigenschaften äußerst populär sind), könnte man an wichtigen Punkten Handwaschbecken oder Wasserspender mit gekühltem Wasser installieren. Falls eine Bedrohung durch Feuer existiert, sollte man natürlich Feuerlöscher überall da deponieren, wo der verderbliche Einfluß des Elements Feuer besonders ausgeprägt ist.

Übung

Die neuen Informationen dieses Kapitels waren vor allem praktischer Natur, während der theoretische Hintergrund größtenteils in einer Wiederholung bereits früher erläuterter Prinzipien bestand. Ich möchte alle «Lehnstuhl-Geomanten» hiermit auffordern, die folgende Liste durchzugehen und festzustellen, welches Element mit jedem der aufgeführten Dinge verbunden ist. Die Übung ist im Grunde eine Erweiterung einer früheren Übung; diesmal jedoch gehören jeweils mehrere Elemente zur Lösung.

Wasserpflanzen

Axt mit Holzgriff

Ungerahmtes abstraktes Schwarzweißgemälde

Bonsaibaum in einer Schale

Leuchtendrote Blumen

Eimer voll Sand

Kakteengarten

Geschnitzte, schwarz lackierte Bambuspfeife

Trockenpflanzen in einem Steinkrug

Elektroherd

Wasserfontäne, die über Steine plätschert

Gold- oder Kupferverzierungen

Grün gestrichener Stahlschrank für Akten

Brennendes Räucherwerk

Öllampe aus Ton

Pyramidenförmiges Glasgefäß

Rote Porzellanvase

Skulptur aus von der Witterung abgeschliffenen Felsen

Silberner Kandelaber

Kugelförmiger gläserner Wasserspender

Wasser, das in einem Kessel über einem Holzfeuer kocht

Antworten

Wasserpflanzen: Holz, Wasser

Axt mit Holzgriff: Holz, Metall

Ungerahmtes abstraktes Schwarzweißgemälde: Metall, Wasser

Bonsaibaum in einer Schale: Holz, Erde

Leuchtendrote Blumen: Holz, Feuer

Eimer voll Sand: Erde, Metall

Kakteengarten: Erde, Holz

Geschnitzte, schwarz lackierte Bambuspfeife: Holz, Wasser

Trockenpflanzen in einem Steinkrug: Holz, Erde

Elektroherd: Feuer, Metall

Wasserfontäne, die über Steine plätschert: Erde, Wasser

Gold- oder Kupferverzierungen: Erde, Metall (*Gelb ist die Farbe des Elements Erde*)

Grün gestrichener Stahlschrank für Akten: Holz, Metall

Brennendes Räucherwerk: Holz, Feuer

Öllampe aus Ton: Feuer, Erde

Pyramidenförmiges Glasgefäß: Feuer, Wasser

Rote Porzellanvase: Feuer, Metall

Skulptur aus von der Witterung abgeschliffenen Felsen: Erde, Wasser

Silberner Kandelaber: Feuer, Metall

Kugelförmiger gläserner Wasserspender: Metall, Wasser

Wasser, das in einem Kessel über einem Holzfeuer kocht: Alle Fünf Elemente (*Die Asche des Feuers repräsentiert das Element Erde)*

Der Wasserdrache

Ein wichtiger Nebenzweig der Formschule der Feng-Shui-Lehre ist das Studium der Wassermuster. Die Formschule hat sich in einem Teil Südchinas entwickelt, der bereits in alten Zeiten wegen seiner spektakulären Landschaft berühmt war. Die Wassermuster-Schule wurde von Feng-Shui-Gelehrten entwickelt, die in überwiegend flachen Gebieten lebten, so daß man kaum anhand von Hügeln oder Bergen Erddrachen hätte erkennen können. In jenem wasserreichen Flachland jedoch schlängelten sich die Flüsse durch phantastisch gewundene Flußbetten und bildeten auf diese Weise Muster, aus denen der Geomant ebensoviel herauszulesen vermochte wie aus der Silhouette bergiger Regionen. Wenn also keine Hügel und Berge existieren, in deren Formen man den Drachen erkennen konnte, so zeigte er sich vielleicht in den vielen Windungen eines Flusses, eines Sees oder einer Quelle.

Der große Philosoph der Ming-Dynastie, Chiang Ping-chieh, unterscheidet in seinem Buch über den «Wasserdrachen» Hunderte verschiedener Formen von Wassermustern und gibt in diesem klassischen Werk außerdem Auskunft darüber, wo in der Nähe von Gewässern die besten Bauplätze liegen. Die Logik hinter der Überlegung, ob ein bestimmtes Muster auf einen guten Bauplatz hinweist oder nicht, läßt sich auf ein paar Grundregeln reduzieren.

Grundprinzipien des Wasserdrachen

(a) Es ist gut, wenn sich vor dem Haus eine Wasserfläche befindet. Ein kleiner, speziell aus diesem Grund angelegter Teich wird *Ming T'ang* genannt. Er soll entsprechend den Feng-Shui-Regeln dafür sorgen, daß sich vor dem Haus eine offene Fläche befindet (siehe «Die ideale Szenerie», Seite 28 ff.).

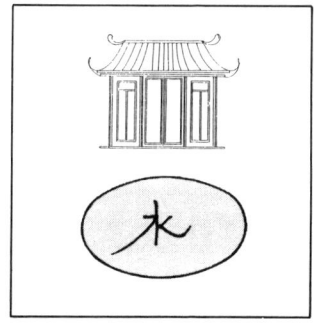

(a) Der *Ming T'ang* (sehr günstig)

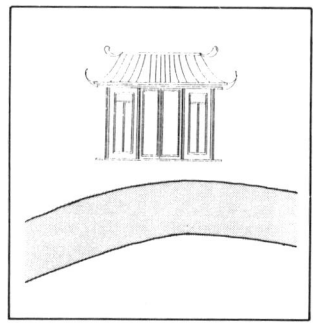

(b) Wasser fließt auf das Haus zu (günstig)

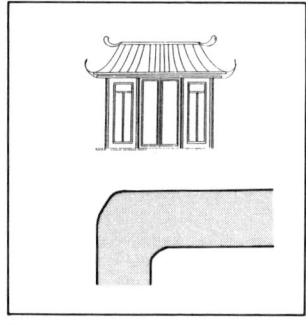

(c) Wasser fließt direkt auf das Haus zu (ungünstig)

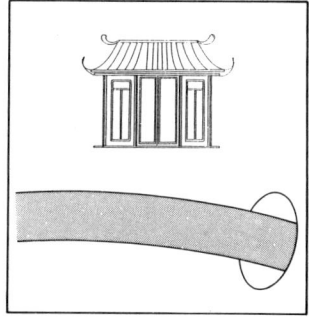

(d) Wasser fließt unsichtbar vom Haus weg (günstig)

(b) Wenn Wasser in einer Krümmung auf das Haus zufließt, bringt dies den Bewohnern Reichtum. *(Wasser symbolisiert oft Geld)*.

(c) Das Wasser sollte jedoch nicht in einer geraden Linie direkt auf das Haus zufließen, da es dann *Sha* dorthin leitet. *(Welche Gefahren es mit sich bringt, wenn ein Fluß direkt auf ein Haus zufließt, braucht wohl nicht näher erklärt zu werden.)*

(d) Wasser, das vom Haus wegfließt, sollte niemals sichtbar sein. *(Das Wasser, das am Gebäude vorbeifließt, ist zu Reinigungszwecken benutzt worden und daher verschmutzt, es kann*

187

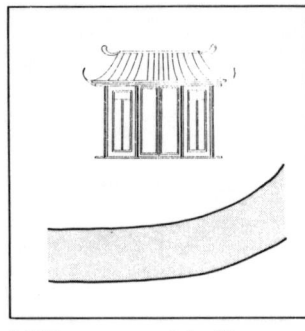

(e) Wasser umarmt das Haus
(günstig)

(f) Wasser wendet seinen Lauf
vom Haus ab (ungünstig)

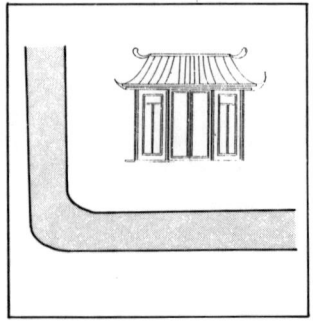

(g) Wasser fließt an der
Tigerseite des Hauses entlang
(sehr günstig)

Krankheiten übertragen. Im Idealfall sollte Wasser, das vom Haus
wegfließt, im Boden oder unter einer Brücke verschwinden.)

(e) Wasser fließt auf ein Haus zu und umarmt den Standort,
indem es um ihn herumfließt; das ist günstig.

(f) Wenn Wasser dagegen auf ein Haus zufließt und seine
Richtung dann so ändert, daß es wieder vom Haus wegfließt, ist
der Vorteil zwar vorhanden, wird jedoch nicht genutzt.

(g) Wenn Wasser aus der Schildkrötenrichtung kommt und an
der Tigerseite eines Hauses entlangfließt, bedeutet das großes
Glück. *(Diese Situation wird oft als der ideale Wasserdrache*
bezeichnet, weil hier mehrere Feng-Shui-Regeln miteinander ver-

bunden sind: Das Wasser kommt von der Schildkrötenseite her, die das Element Wasser repräsentiert; es handelt sich um fließendes Wasser, welches Ch'i anregt; es fließt an der Vorderseite des Hauses entlang wie ein Min T'ang. *Der Wasserdrache wäre vollends ideal, wenn das Wasser unsichtbar abfließen würde).*

(h) Wenn Wasser auf ein Haus zufließt, seine Richtung dann ändert und dabei einen tiefen Teich bildet, den es durchfließt, so ist dies ein Hinweis auf die Ansammlung großen Reichtums.

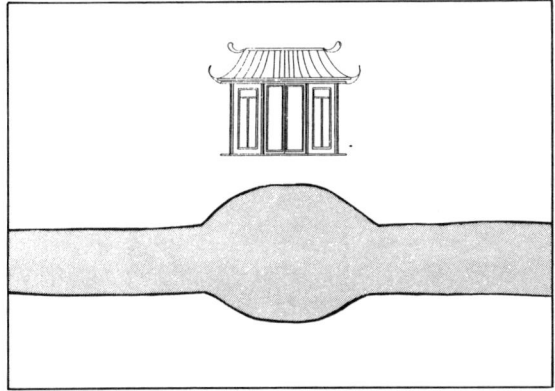

(h) Wasser bildet einen tiefen Teich (günstig)

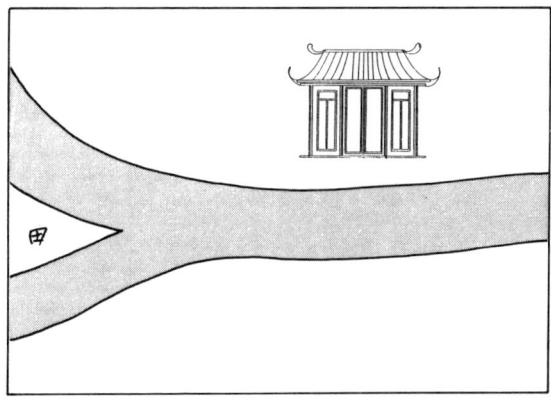

(i) Zwei Wasserläufe fließen zusammen (sehr günstig)

(i) Fließendes Wasser führt energiespendendes *Ch'i* mit sich; an Stellen, wo ein Fluß sich mit einem anderen vereinigt, wird dieses *Ch'i* zusätzlich verstärkt, weshalb das ein sehr günstiger Punkt ist.

(j) Teilt sich hingegen ein Fluß, so teilt sich auch das *Ch'i*, und seine Kraft wird in beiden Flußarmen geschwächt.

(k) Doch eine Insel, die von Wasser umflossen wird, kommt in den Genuß des vollen Nutzens des *Ch'i* beider Flußarme.

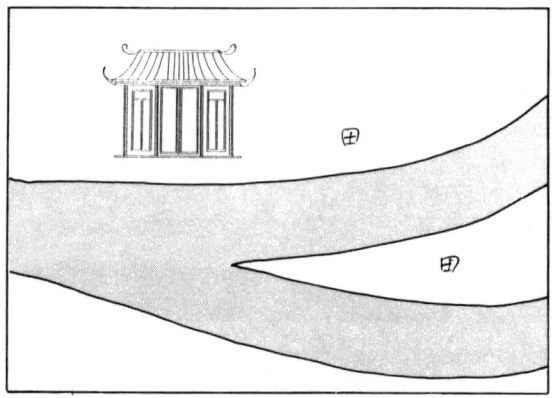

(j) Ein Fluß, der sich teilt (ungünstig)

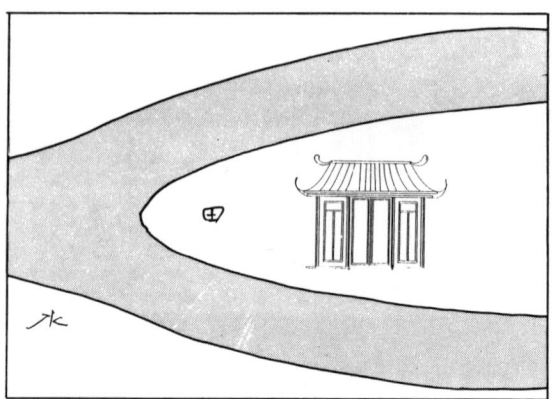

(k) Günstige und ungünstige Standorte auf einer Insel

8 Feng-Shui für Fortgeschrittene

Der Leser hat nun alle Grundprinzipien der Feng-Shui-Kunst kennengelernt. Es gibt jedoch etwas, das bisher noch nicht erwähnt wurde: den Kompaß des chinesischen Geomanten. Wer dieses ungewöhnliche Gerät bereits kennt, wird sich wahrscheinlich gewundert haben, warum die Funktion eines offenbar so wichtigen Werkzeugs erst jetzt zur Sprache kommt. Dafür gibt es eine Reihe von Gründen. Erstens wird dieser Kompaß nur dann verwendet, wenn der Feng-Shui-Berater gebeten wird, den Grundriß eines Gebäudes zu entwerfen, das sich noch in Planung befindet. Zweitens wird der Kompaß vor allem zur Ausrichtung von Gräbern oder «Stätten für die Toten» benutzt (nicht, weil der Kompaß speziell etwas mit Begräbnissen zu tun hätte, sondern weil nur relativ wenige Menschen es sich leisten können, ein Haus zu bauen, während jeder irgendwann einmal stirbt). Ein dritter und sehr praktischer Grund für die späte Erwähnung des Kompasses ist, daß selbst eine einfache Beschreibung seiner Handhabung für jeden unverständlich wäre, der nicht zuvor ein Grundwissen über Kunst und Praxis von Feng-Shui erworben hat.

Ich möchte den Lesern nun Gelegenheit geben, ihre Neugier mit Hilfe der folgenden kurzen Beschreibung des chinesischen geomantischen Kompasses zu befriedigen. Dabei ist es leider unvermeidlich, sich mit dem komplizierten System des chinesischen Kalenders zu beschäftigen und einige der Geheimnisse des chinesischen Kompasses zu enträtseln, bevor wir uns eingehender mit dem *Lo P'an* befassen können.

盤 羅

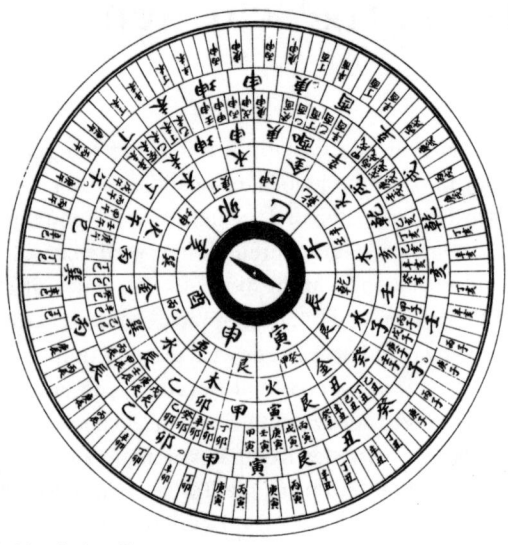

Kompaß chinesischer Geomanten

Der *Lo P'an*

Lo bedeutet «netzartig», *P'an* «Scheibe» oder «Teller». Dieser
Name ist äußerst treffend. Die Oberfläche des Zifferblatts des
Lo P'an ist so eingeteilt, daß der Eindruck eines kreisförmigen
Netzes oder eines Spinnennetzes erweckt wird, und das Zifferblatt selbst, das man von seiner Basisplatte abnehmen kann, ist
zur Mitte hin abgeschrägt wie ein Teller oder eine Untertasse.
Dieses tellerförmige Zifferblatt ruht in einer Vertiefung, die in
die quadratische Grundplatte eingelassen ist, und läßt sich darin
drehen. Den meisten *Lo P'an*, die man in Museen oder in
Büchern sieht, fehlt leider diese quadratische Basisplatte. Sie ist
ziemlich flach, und auf den ersten Blick ist nicht zu erkennen,
was für eine Funktion sie hat. Vermutlich wird sie von Museums-
konservatoren und anderen Verantwortlichen häufig für eine

192

Art Verpackung gehalten, die garantieren soll, daß die Kompaß-scheibe beim Transport nicht beschädigt wird. Dies ist jedoch keineswegs der Fall. Deshalb werde ich die Basisplatte, die so simpel aussieht, zuerst beschreiben.

Die Basisplatte

Die Basisplatte des *Lo P'an* ist quadratisch. Sie weist eine kreisförmige Vertiefung auf, in welche das Zifferblatt eingesetzt wird, so daß es sich drehen läßt. Parallel zu den Seiten der quadratischen Basisplatte verlaufen (rechtwinklig zueinander) zwei rote Fäden, die die Oberfläche des Zifferblatts kreuzen und dabei die Achse der Kompaßnadel passieren; die beiden Fäden sind straff über das Zifferblatt gespannt.

Gemäß der *Yin-Yang*-Symbolik symbolisiert ein Quadrat die Erde, ein Kreis hingegen den Himmel. Deshalb wird die Basis-platte gewöhnlich als Erdplatte bezeichnet, während das Ziffer-blatt Himmelsscheibe genannt wird – oft eine Quelle heilloser Verwirrung, da die gleichen Begriffe auch zur Unterteilung der beschrifteten Kompaßscheibe selbst benutzt werden.

Die Kompaßscheibe

Der obere Teil des *Lo P'an*, das «Zifferblatt», ist wesentlich komplizierter. Es ist kreisförmig, zum Zentrum hin abgeschrägt und sitzt in einer Vertiefung der Grundplatte.

Im Zentrum befindet sich ein Magnetkompaß, dessen Nadel so magnetisiert ist, daß sie entsprechend der traditionellen Praxis der chinesischen Kartographie nach Süden weist.

Eine feine Linie ist auf dem Untergrund des Gehäuses der Kompaßnadel als Leitlinie eingezeichnet. Sie wirkt so unschein-bar, daß sie bei flüchtiger Betrachtung meist gar nicht auffällt. Doch sie hat eine wichtige Funktion.

Die Kompaßnadel in ihrem Gehäuse wird gewöhnlich als
«Himmelsteich» bezeichnet – möglicherweise weil dies der Name
einer Konstellation der chinesischen Astronomie ist, die in der
Nähe des Polarsterns liegt, oder weil die Kompaßnadel in
früheren Zeiten auf einem Tropfen Wasser schwamm.

Die Netze

Wenn man sich vom Himmelsteich nach außen zum Rand der
Scheibe hin bewegt, stößt man auf ein kreisförmiges Netz,
jeweils unterteilt in unterschiedlich viele Sektoren, versehen mit
chinesischen Schriftzeichen.

In den Abschnitten des innersten dieser Kreise findet man
manchmal die Acht Trigramme bzw. deren chinesische Namen
oder die ihnen entsprechenden Zahlen des magischen Quadrats
mit neun Feldern. Im letzteren Fall stellt man die Zahlen häufig
durch Punkte dar, die durch Linien miteinander verbunden
werden, als würde es sich um eine Art von Sternenbildern
handeln. Bei genauerer Untersuchung erkennt man, daß die
Folge der Trigramme in jedem Fall der Folge des pränatalen
Himmels entspricht, entgegen der bei gewöhnlichen chinesischen Kompassen üblichen Anordnung. Die Abbildung der
Trigramme soll wahrscheinlich darauf hinweisen, daß es sich
nicht um einen normalen Schiffskompaß handelt, sondern um
einen mit besonderen Kräften ausgestatteten.

Die Zahl der Kreise auf dem Zifferblatt variiert je nach Größe
und Art des *Lo P'an*. Bevor wir jedoch ihre Funktion erklären
können, muß der Leser die chinesische Kompaßscheibe genauer
kennenlernen.

Wie man einen *Lo P'an* benutzt

Wenn der *Lo P'an* benutzt wird, um die geomantischen Eigenschaften eines Standorts zu untersuchen, müssen die Seiten der Basisplatte parallel zu den Mauern des Gebäudes oder zu irgendeiner anderen wichtigen geraden Linie ausgerichtet werden. Dann wird das kreisförmige Zifferblatt so lange gedreht, bis die Leitlinie im Himmelsteich sich in einer Linie mit der Kompaßnadel befindet. Daraufhin studiert der Geomant die Scheibe und macht sich Notizen darüber, welche der Zeichen unter den roten Fäden liegen.

Bevor wir die einzelnen Unterteilungen des Zifferblatts genauer untersuchen können, müssen wir Sprache und Funktion des chinesischen Kalenders verstehen.

Der chinesische Kalender

Wer sich in die Feng-Shui-Lehre vertiefen will, muß sich eine gewisse Kenntnis des chinesischen Kalenders aneignen, da Klienten häufig wissen möchten, welche Tage wahrscheinlich am günstigsten für das Errichten von Anbauten, zusätzlichen Seitenflügeln oder auch zum Abriß existierender Gebäude sind. Der Leser mag nun denken, daß dies eher in den Bereich der Astrologie falle, doch die Zwillingsdisziplinen Astrologie und Geomantie werden bei den Chinesen meist nicht getrennt. Zeit und Raum sind – das wird der Leser sicherlich bestätigen – untrennbar miteinander verbunden.

Anmerkung: *Leser, die aufgrund ihrer Kenntnisse in der chinesischen Astrologie bereits mit dem chinesischen Kalender vertraut sind, können die Untertitel der folgenden Abschnitte einfach überfliegen, bis sie auf etwas stoßen, das ihnen noch nicht bekannt ist.*

Der Kreis der sechzig Unterteilungen (1):
Die Zwölf Äste

Es ist wohl allgemein bekannt, daß es einen zwölf Tiere umfassenden «Zodiac» gibt, der dazu benutzt wird, die Jahre zu berechnen. Die Tiernamen für diesen Tierkreis wurden ungefähr im 7. Jahrhundert von buddhistischen Mönchen eingeführt, als populäre Namen für zwölf Zeichen, die sogenannten Zwölf Äste.

Mit Hilfe der Zwölf Äste werden nicht nur die Jahre gezählt, sondern auch die zwölf Monate des Jahres, die zwölf chinesischen Doppelstunden des Tages und sogar die Tage selbst.

Gewöhnlich kennzeichnet man die Zwölf Äste durch die römischen Ziffern I bis XII. Ast I repräsentiert das erste Jahr des Tierkreises, das Jahr der Ratte, sowie die erste Doppelstunde, deren Mittelpunkt Mitternacht ist – sie dauert also von 23.00 Uhr abends bis 1 Uhr morgens.

Traditionell repräsentiert Ast I nicht den ersten Monat des chinesischen Jahres, sondern den Monat, in dem die Wintersonnenwende liegt – also den zweitletzten Monat vor dem Jahresanfang.

Die Chinesen numerieren die Tage seit mehreren tausend Jahren in regelmäßiger Folge in Zwölfersequenzen. Beispielsweise war der erste Tag des Jahres 1900 der Tag XI, und der erste Tag des Jahres 2000 wird der Tag VII sein.

Der Kreis der sechzig Unterteilungen (2):
Die Zehn Stämme

Noch älter als die Berechnung anhand der Zwölf Äste ist die Sequenz der Zehn Stämme. Dabei scheint es sich ursprünglich um die Namen der Tage einer zehntägigen Woche zu handeln. Wir haben es hier offenbar mit einer sehr alten Art der Einteilung zu tun, deren Ursprung wahrscheinlich noch vor der Entwicklung der Schrift liegt, denn die Symbole für die zehn Zahlen scheinen die allerersten Schriftzeichen zu sein. Die Namen der frühesten, halbmythischen Herrscher Chinas enthielten die Namen der Stämme, was darauf hindeutet, daß sie entweder den Namen des Tages annahmen, an dem sie geboren waren, oder den Namen des Tages ihrer Thronbesteigung.

Die Stämme werden heute gewöhnlich durch die arabischen Zahlen 1 bis 10 repräsentiert. Folglich hat jeder Tag außer einer Ast-Zahl auch eine Stamm-Zahl. Die Stamm-Zahl für den 1. Januar 1900 war 1; die Stamm-Zahl für den 1. Januar 2000 wird 5 sein.

Stämme und Elemente

Die Zehn Stämme sind wie folgt den Fünf Elementen zuge-ordnet:

1	*Yang*	Holz
2	*Yin*	Holz
3	*Yang*	Feuer
4	*Yin*	Feuer
5	*Yang*	Erde
6	*Yin*	Erde
7	*Yang*	Metall
8	*Yin*	Metall
9	*Yang*	Wasser
10	*Yin*	Wasser

Beachten Sie, daß diese zehn Zahlen hier lediglich die zehn chinesischen Schriftzeichen repräsentieren, die als die Zehn Stämme bezeichnet werden. Man sollte sie nicht mit mathematischen Zahlen verwechseln, die nach dem *Lo Shu* eine andere Bedeutung haben. Doch sei darauf hingewiesen, daß der Stamm 5 ebenso wie die *Lo Shu*-Zahl 5 das Element Erde repräsentiert.

Die chinesische Kompaßscheibe

Die chinesische Kompaßscheibe, so wie man sie auf einem traditionellen chinesischen Schiffskompaß findet, unterteilt die aufeinanderfolgenden Kompaßpunkte (die Himmelsrichtungen) nicht immer wieder in zwei Einheiten, so wie es beim westlichen Kompaß der Fall ist. Nachdem man die vier Hauptrichtungen einmal festgelegt hat, so daß die Acht Richtungen entstanden sind (Norden, Nordosten usw.), wird diese achtfache Unterteilung im nächsten Schritt in 24 Sektoren unterteilt. Dieses ungewöhnliche System basiert auf der Notwendigkeit, die zwölf Unterteilungen des Himmels (welche die zwölf Monate des Jahres und die zwölf Jahre des Großen Zyklus anzeigen) zu den zwölf Unterteilungen der Uhr in Beziehung setzen zu müssen. Da sich die Uhr nicht in acht Einheiten unterteilen läßt, mußte man, um die Acht Richtungen gleichmäßig auf dem Zwölfer-Kompaß unterzubringen, eine Unterteilung in 24 Einheiten vornehmen.

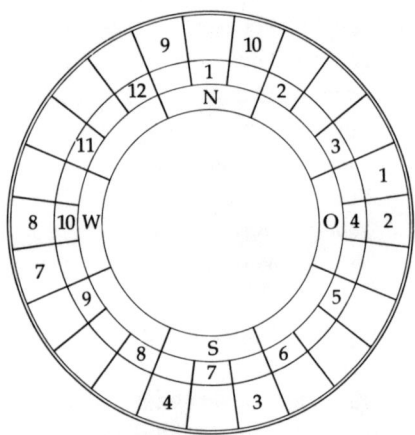

Entwicklung der chinesischen Kompaßscheibe
Innerster Ring: Acht Trigramme oder Richtungen
Mittlerer Ring: Die Zwölf Äste oder Monate
Äußerster Ring: Die Zehn Stämme, wobei 5 und 6 ausgelassen werden

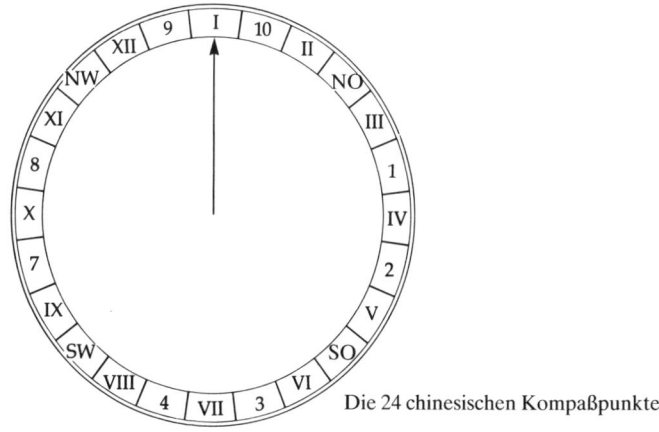

Die 24 chinesischen Kompaßpunkte

Die 24 chinesischen Kompaßpunkte

Vier der Acht Richtungen, die Kardinalpunkte, entsprechen den Positionen auf dem Zifferblatt einer Uhr. Ihnen werden die übrigen vier, die «Eck»-Positionen Nordosten, Nordwesten, Südwesten und Südosten entsprechend zugeordnet. Damit bleiben acht Positionen zunächst unbenannt: die Positionen zu beiden Seiten der Kardinalpunkte.

Wenn wir uns anschauen, welche Stämme welchen Elementen zugeordnet werden, stellen wir fest, daß die Stämme 9 und 10 zum Element Wasser gehören, dem Element des Nordens. Diese beiden Stämme werden deshalb auf die freien Plätze zu beiden Seiten der Position Norden gesetzt, die durch den Ast I belegt wird.

Der Leser, der diesen Überlegungen gefolgt ist, wird nun verstehen, warum 1 und 2 zu beiden Seiten der östlichen Position des Astes IV liegen, der das Element Holz symbolisiert, und warum die Stämme 3 und 4 zu beiden Seiten des Astes VII im Süden plaziert werden, der das Feuer symbolisiert. Im Westen, der das Element Metall repräsentiert, werden die Stämme 7 und

199

8 zu beiden Seiten des Astes X plaziert. Damit bleiben noch die Stämme 5 und 6 übrig, was nur einleuchtend ist, da diese Stämme mit dem Element Erde assoziiert werden, welches das Zentrum repräsentiert.

Der Aufbau der chinesischen Kompaßscheibe ist im Diagramm auf Seite 198 dargestellt. Man hat die Stämme und Äste in dieser Anordnung bereits auf der Tafel eines Wahrsagers in einem Grab aus dem 2. Jahrhundert v. Chr. gefunden.

Die dreifache Darstellung der Kompaßpunkte

Auf den meisten Versionen des *Lo P'an* werden die 24 Kompaßpunkte zweimal wiederholt: Es gibt einen Ring, der mit einer Divergenz von 7½° im Uhrzeigersinn von der Hauptrichtung der Kompaßpunkte abweicht, und einen Ring mit einer Abweichung von 7½° im Gegenuhrzeigersinn. Über den Grund für diese Wiederholung hat man verschiedene Theorien entwickelt, unter anderem, daß diese Abweichungen auf die Kenntnis der Schwankungen im Magnetfeld der Erde hinweisen könnten. Der wahre Grund liegt jedoch in der Feng-Shui-Praxis.

Wir werden bald sehen, daß jede der 24 Unterteilungen des Kompasses sich auf einen bestimmten Feng-Shui-«Stern» bezieht sowie auf andere Faktoren wie die 24 Vierzehntages-Zyklen des Sonnenjahrs. Außerdem bezieht sich die achtfache Unterteilung des Kompasses auf die acht möglichen Ausrichtungen des Standorts. Angenommen, die Orientierung des Hauses entspricht der Richtung des Stamms 10 auf dem chinesischen Kompaß, die im Osten des wahren Nordens liegt. Aus der Sicht der Acht Trigramme entspricht diese Ausrichtung derjenigen des wahren Nordens; doch auf dem Kompaßring mit den 24 Unterteilungen stimmt der Norden nicht mit Stamm 10 überein; deshalb benutzt der Geomant in diesem Fall den Kompaßring, der um 7½° im Uhrzeigersinn gedreht ist, wodurch der wahre Norden mit Stamm 10 in Übereinstimmung gebracht wird.

Die drei Ringe tragen verschiedene Namen. Der Kreis, der mit dem wahren Norden übereinstimmt, wird als «korrekte Nadel» bezeichnet, der nächste Ring, der um 7½° im Gegenuhrzeigersinn versetzt ist, als «zentrale» oder «mittlere Nadel» (wahrscheinlich weil sie sich zwischen der korrekten Nadel und der darauffolgenden befindet); der Ring schließlich, der um 7½° im Uhrzeigersinn versetzt ist, wird «Saumnadel» genannt.

Gleichsetzung der Kompaßpunkte mit dem Kalender

Da es 24 Kompaßpunkte gibt, läßt sich jeder von ihnen einem der Vierzehntages-Zyklen des Sonnenjahrs (siehe S. 120/121) sowie einer Stunde der westlichen Tageszählung zuordnen.

Die Chinesen unterteilen ihre 12 Stunden außerdem in 24 «kleine Stunden». Mitternacht bildet den Mittelpunkt der Doppelstunde des Astes I (die Ratte), die von 23 Uhr abends bis 1 Uhr morgens dauert. Die erste «kleine Stunde» des Tages ist folglich die Stunde von 23 Uhr bis Mitternacht; die zweite «kleine Stunde» dauert von Mitternacht bis 1 Uhr morgens.

Die 28 Mondhäuser

Gewöhnlich findet man am Rand des *Lo P'an* einen Ring mit 365 ¼ Unterteilungen, eine für jeden chinesischen Grad. Jeder Grad repräsentiert folglich eine Veränderung von einem Tag in der Position der Sonne. Man kann den *Lo P'an* demnach nicht nur als Kompaß, sondern auch als Planisphäre (oder Astrolabium) benutzen. Dafür sind neben dem Gradkreis die Positionen der 28 chinesischen Konstellationen angegeben, die längs des himmlischen Äquators liegen. Durch Orientierung an der Position des Vollmondes, der immer auf den fünfzehnten Tag des chinesischen (Mond-)Monats fällt, kann der Geomant die Position der Sonne in bezug auf die Sterne ermitteln, wobei der Vollmond sich stets in dem Teil des Himmels befindet, welcher der Sonne unmittelbar gegenüberliegt. Diese Faktoren ermöglichten es den Feng-Shui-Gelehrten früherer Zeiten, Zeitpunkt und Datum von Eklipsen (Finsternissen) und das Sonnenjahr zu berechnen. Die Namen der 28 Konstellationen sind weiter unten aufgeführt; ihnen wird ein mehr oder weniger wohltätiger Einfluß zugeschrieben. Man kann eine direkte Konstellation zwischen den Daten des westlichen Jahres und den Graden der 28 Mondhäuser herstellen. Die Positionen der Konstellationen jedoch verlagern sich ungefähr alle 30 Jahre um einen Grad oder einen Tag. Auf *Lo P'an* aus unterschiedlichen Zeiten ist die Position der 28 Mondhäuser entsprechend dieser allmählichen Verlagerung unterschiedlich dargestellt. Alles, was über diese einführenden Erläuterungen hinsichtlich des Gebrauchs des *Lo P'an* als astronomisches Instrument hinausgeht, würde den Rahmen dieses Buches sprengen.

Die 28 Mondhäuser

Haus			Größe (in Graden)	Aspekt
1	*Ch'io*	Horn	12	Günstig
2	*K'ang*	Hals	9	Ungünstig
3	*Ti*	Wurzel	15	Ungünstig
4	*Fang*	Raum	5	Günstig
5	*Hsin*	Herz	5	Ungünstig
6	*Wei*	Schwanz	18	Sehr günstig
7	*Chi*	Getreidekorb	11 ¼	Sehr günstig
8	*Tou*	Schaufel	26	Günstig
9	*Niu*	Ochsen-Hirte	8	Ungünstig
10	*Nü*	Mädchen	12	Ungünstig
11	*Hsü*	Leerheit	10	Sehr ungünstig
12	*Wei*	Dachgiebel	17	Ungünstig
13	*Shih*	Haus	16	Günstig
14	*Pi*	Mauer	9	Günstig

Haus			Größe (in Graden)	Aspekt
15	*K'uei*	Rittlings	16	Ungünstig
16	*Lou*	Hügel	12	Sehr günstig
17	*Wei*	Magen	14	Sehr günstig
18	*Mao*	Plejaden	11	Ungünstig
19	*Pi*	Netz	16	Günstig
20	*Tsui*	Schnabel	2	Ungünstig
21	*Shen*	Orion	9	Unterschiedlich
22	*Ching*	Brunnen	33	Meist ungünstig
23	*Kuei*	Geister	4	Sehr ungünstig
24	*Liu*	Weide (Baum)	15	Ungünstig
25	*Hsing*	Stern	7	Meist ungünstig
26	*Chang*	Bogen	18	Günstig
27	*I*	Flügel	18	Ungünstig
28	*Chen*	Kutsche	17	Günstig

Die 24 Feng-Shui-Sterne

In einem früheren Abschnitt (siehe S. 109) haben wir gesehen, daß jeder Teil eines Standorts sein eigenes Vorzeichen hat, entsprechend seiner Ausrichtung. Nun werden wir uns mit der Tatsache beschäftigen, daß auch jeder der 24 Kompaßpunkte entsprechend seiner Ausrichtung einen eigenen Stern oder ein eigenes Vorzeichen hat.

Die 24 Sterne folgen einander stets in der gleichen Sequenz, doch die Position des ersten Sterns hängt von der Ausrichtung des Standorts ab. Acht verschiedene Ausrichtungen sind möglich – jeweils eine entsprechend einem der Acht Trigramme –, also nicht 24, wie man annehmen könnte.

Nachdem die Positionen der 24 Sterne ermittelt worden sind, kann man die Vorzeichen für die 24 Kreissegmente angeben. Mit ihrer Hilfe lassen sich präzisere Voraussagen für die genaue Orientierung eines Standorts bzw. einzelner Räume machen. So läßt sich dann, wenn die Orientierung der einzelnen Räume nicht exakt mit den Acht Himmelsrichtungen übereinstimmt, feststellen, wie sich die genaue Ausrichtung eines jeden Raums auswirken wird.

Doch zunächst die Namen der 24 Sterne und ihrer Vorzeichen:

1	Wahnsinn	Schlecht
2	Mund und Zunge	Kann auf Skandal und Klatsch hindeuten
3	Friede und Glück	Ausgezeichnet für Gesundheit und Familienangelegenheiten
4	Land und Wohnung	Gut für alle, die bauen wollen
5	Weinen und Klagen	Katastrophal
6	Waise	Katastrophal
7	Ruhm und Wohlstand	Ausgezeichnet für Geschäft und Finanzen
8	Trauriger Abschied	Trennung von geliebten Menschen; Emigration
9	Ausschweifung	Ein skandalöser Lebensstil
10	Verwandt durch Ehe	Glück durch Heirat
11	Ausgelassenes Vergnügen	Großes Glück
12	Störung	Schwierigkeiten mit Plänen
13	Wohlstand und Reichtum	Großes Glück; geschäftlicher Erfolg
14	Glück und Tugend	Glück, aber nicht unbedingt Reichtum
15	Krankheit und Leid	Bevorstehende Krankheit
16	Beginnender Reichtum	Das Versprechen einer neuen Karriere
17	Langwierige Krankheit	Wie der Name sagt
18	Erfreuliche Bekanntmachung	Erfolg bei Prüfungen oder öffentliche Anerkennung

19	Beamter von Erfolg	Erfolg im Management
20	Beamter von Ehren	Prüfungserfolg oder Erfolg im Bereich des Sports oder der Unterhaltung; öffentliche Anerkennung
21	Zerstörer des Reichtums	Verlust des günstigen Geschicks
22	Ein Schriftstück beginnen	Berufliche Veränderung
23	Glück schenken	Endlich Glück
24	Exekutionsplatz	Schande

Wie man das Stern-Vorzeichen für jede Richtung findet

Stellen Sie zunächst fest, welcher der Acht Richtungen die genaue Orientierung des Standorts am nächsten kommt.

Zeichnen Sie ein kreisförmiges Kompaßdiagramm, das in 24 Sektoren unterteilt ist:

Stellen Sie nun den Bezug zur Ausrichtung des Gebäudes her: Notieren Sie die Richtungszahl aus der folgenden Tabelle:

Tabelle der Richtungszahlen

Norden	10	Süden	13
Nordosten	4	Südwesten	3
Osten	22	Westen	9
Südosten	11	Nordwesten	16

Schreiben Sie die Richtungszahl in den untersten Sektor des Diagramms (in die «6-Uhr-Position»).
Ignorieren Sie die restlichen Zahlen in der Tabelle.

Gehen Sie von diesem Punkt aus im Uhrzeigersinn weiter, und schreiben Sie die Zahlen in der Reihenfolge von 1 bis 24 in die Sektoren.
Das Diagramm zeigt nun die Zahlen der Stern-Vorzeichen für jeden der 24 Kompaßpunkte an.

Beispiel

Ermitteln Sie das Stern-Vorzeichen für einen nach Nordwesten gelegenen Raum in einem Haus mit West-Orientierung.

Der Tabelle entnehmen wir, daß die Richtungszahl für ein nach Westen orientiertes Haus die 9 ist.

Zeichnen Sie nun ein kreisrundes Kompaßdiagramm (auf den Seiten 209 und 210 finden Sie Blanko-Diagramme).

Setzen Sie die Zahl 9 in den untersten Sektor ein (siehe Diagramm auf S. 206).

Tragen Sie nun im Uhrzeigersinn die restlichen Zahlen von 10 bis 24 und von 1 bis 8 in die freien Sektoren ein.

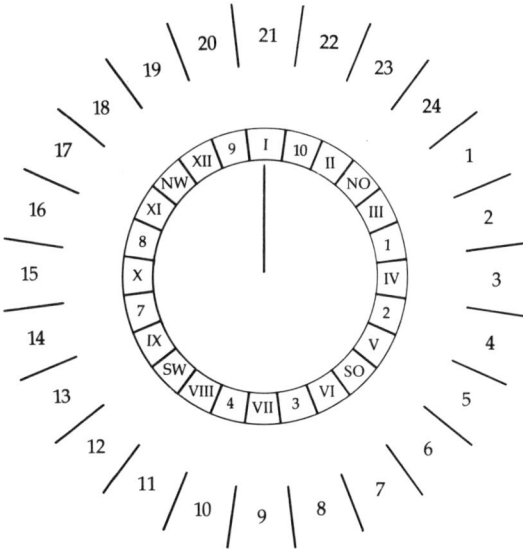

Schauen Sie nach, welche Zahl sich in der Nordwest-Position befindet.

Es ist die Zahl 18: Das entsprechende Vorzeichen ist Erfreuliche Bekanntmachung.

Übung

Erstellen Sie ein Kompaßdiagramm für ein nach Südosten orientiertes Gebäude, und tragen Sie die Vorzeichen ein.

Antwort

Zeichnen Sie ein Diagramm, und gehen Sie genauso vor wie beim vorangegangenen Beispiel. Die Richtungszahl für Südosten ist 11, die im Diagramm in die «6-Uhr-Position» eingetragen wird. Das vervollständigte Diagramm müßte demnach wie folgt aussehen:

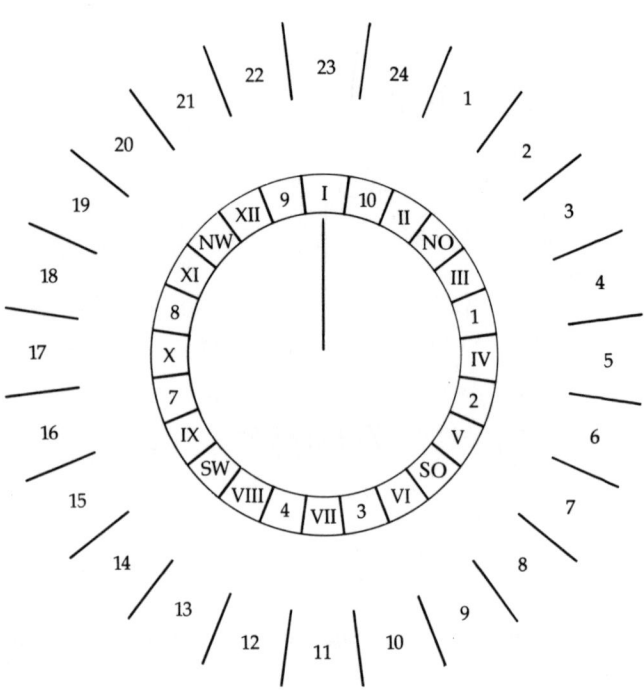

Blanko-Diagramm für den Leser

Blanko-Diagramm für den Leser

Richtung nach dem chinesischen Kompaß		Stern-Vorzeichen	Bedeutung
▭	1	Wahnsinn	Schlecht
▭	2	Mund und Zunge	Kann auf Skandal und Klatsch hindeuten
▭	3	Friede und Glück	Ausgezeichnet für Gesundheit und Familienangelegenheiten
▭	4	Land und Wohnung	Gut für alle, die bauen wollen
▭	5	Weinen und Klagen	Katastrophal
▭	6	Waise	Katastrophal
▭	7	Ruhm und Wohlstand	Ausgezeichnet für Geschäft und Finanzen
▭	8	Trauriger Abschied	Trennung von geliebten Menschen; Emigration
▭	9	Ausschweifung	Ein skandalöser Lebensstil
▭	10	Verwandt durch Ehe	Glück durch Heirat
▭	11	Ausgelassenes Vergnügen	Großes Glück
▭	12	Störung	Schwierigkeiten mit Plänen
▭	13	Wohlstand und Reichtum	Großes Glück; geschäftlicher Erfolg
▭	14	Glück und Tugend	Glück, aber nicht unbedingt Reichtum
▭	15	Krankheit und Leid	Bevorstehende Krankheit
▭	16	Beginnender Reichtum	Das Versprechen einer neuen Karriere
▭	17	Langwierige Krankheit	Wie der Name sagt

☐	18	Erfreuliche Bekanntmachung	Erfolg bei Prüfungen oder öffentliche Anerkennung
☐	19	Beamter von Erfolg	Erfolg im Management
☐	20	Beamter von Ehren	Prüfungserfolg oder Erfolg im Bereich des Sports oder der Unterhaltung; öffentliche Anerkennung
☐	21	Zerstörer des Reichtums	Verlust des günstigen Geschicks
☐	22	Ein Schriftstück beginnen	Berufliche Veränderung
☐	23	Glück schenken	Endlich Glück
☐	24	Exekutionsplatz	Schande

212

9 Kommerziell genutzte Gebäude

Im Jahr vor Beginn meiner Arbeit an diesem Buch lernte ich einen hochrangigen chinesischen Diplomaten kennen, der sehr erstaunt war, als er hörte, daß ein Mensch aus der westlichen Welt sich so gut auf einem Gebiet auskannte, das er für ein rein chinesisches Phänomen hielt. Sehr liebenswürdig versuchte er mir klarzumachen, daß Feng-Shui und andere «abergläubische Praktiken» im kommunistischen China nicht mehr existieren würden. Ich nickte, erwiderte dann aber, ich hätte mit eigenen Augen gesehen, daß die Feng-Shui-Kunst in seiner Heimat auch heute noch hoch im Kurs stehe. Ich erwähnte den *Lo P'an*, den Kompaß der Geomanten, den ich in Yang Chou gekauft hatte; er war offensichtlich erst kürzlich hergestellt worden, und zwar eindeutig für den lokalen Gebrauch. Außerdem wies ich ihn darauf hin, daß einer meiner in Hongkong ansässigen chinesischen Freunde regelmäßig nach China reise und von den großzügigen Honoraren jener Klienten lebe, die seinen Rat als Feng-Shui-Spezialist in Anspruch nähmen. Vor allem aber berichtete ich über meine Erfahrungen mit dem Manager eines neu errichteten Hotels in Südchina, der einen Geomanten aus Hongkong hatte kommen lassen, um sicherzustellen, daß das Hotel entsprechend den Feng-Shui-Regeln erbaut würde. Da leuchteten die Augen des Diplomaten auf.

«Aber natürlich», pflichtete er mir bei, «wenn Feng-Shui dazu dient, die geschäftliche Situation eines Unternehmens zu verbessern, ist es erlaubt.»

Diesen und ähnlichen Bemerkungen entnehme ich, daß man in China nichts dagegen einzuwenden hat, wenn jemand die Dienste eines Geomanten in Anspruch nimmt, um die Rentabilität eines Unternehmens zu sichern. Hingegen ist Feng-Shui, wenn es für private Bauvorhaben, zum Zweck der Ahnenverehrung oder in seiner rein rituellen Funktion verwendet wird, streng verboten.

Die Hongkong- und Shanghai-Bank mit ihren geomantisch merkwürdig quer zum Eingang plazierten Aufzügen ist ein bekanntes Beispiel für den Einfluß der Feng-Shui-Prinzipien auf die Architektur kommerziell genutzter Gebäude. Weniger bekannt ist wohl die neueste Ergänzung der Skyline von Hongkong: der Wolkenkratzer der Bank von China, der das höchste Bauwerk in ganz Asien sein soll. Die Bewohner Hongkongs trösten sich damit, daß die Architekten, die das Gebäude für ihre Auftraggeber aus der Volksrepublik China entwarfen, aus der Sicht der Feng-Shui-Lehre alles falsch gemacht hätten. Das hohe Gebäude ist aus dreieckigen Modulen konstruiert; und Dreiecke haben, wie jedermann dort fröhlich verkündet, ein extrem schlechtes Feng-Shui.

Nun lautet ein bekanntes Sprichwort: «Ein bißchen Wissen ist eine gefährliche Sache.» Ich halte es für höchst unwahrscheinlich, daß die Erbauer eines Bankgebäudes sich nicht über die Bedeutung von Feng-Shui im klaren gewesen sind. Und ich zweifle nicht einen Augenblick daran, daß sie beim Errichten des höchsten Gebäudes in ganz Asien einen Geomanten zu Rate gezogen haben. Meiner Meinung nach wußten die chinesischen Architekten genau, was sie taten. Das Bauwerk steht in einem ganzen Wald von Wolkenkratzern, die, da sie alle hoch und schmal sind wie die Stämme von Bäumen, das Element Holz symbolisieren. Die Dreiecksstufen der Bank von China dagegen repräsentieren das Element Feuer. Da Holz Feuer nährt, ist das Gebäude der Bank von China offenbar so konstruiert, daß diese Bank auf Kosten der Unternehmen, in deren Mitte sie sich befindet, wachsen wird. Die weitverbreitete Abneigung gegen Dreiecksstrukturen stammt aus der Zeit, da die meisten chinesischen Häuser aus Holz erbaut wurden, weshalb sie natürlich wesentlich leichter dem Feuer zum Opfer fallen konnten als die heutigen Wohnblocks aus Beton. Merke also: Es ist wichtig, die

Grundprinzipien der Feng-Shui-Lehre genau zu studieren und zu verinnerlichen, bevor man sich zu voreiligen Schlüssen verleiten läßt.

Untersuchung des Gebäudetyps

Die Grundprinzipien für das Feng-Shui kommerziell genutzter Gebäude unterscheiden sich nicht von denen für Privathäuser und Wohnungen, und sie werden auch auf die gleiche Weise angewendet. Der einzige Unterschied besteht in der Funktion des Gebäudes. Manche gewerblich genutzte Bauten dienen nur einem einzigen Zweck – Entwicklung, Herstellung, Lagerung, Verkauf oder was auch immer; andere hingegen sind für alle diese Zwecke zugleich gedacht. Wie bei einem Wohnhaus muß daher zunächst festgestellt werden, wozu das betreffende Gebäude dienen soll.

Schauen wir uns ein paar Beispiele aus dem Bereich des Kleingewerbes an. Zunächst eine Apotheke. Der Apotheker hat weder etwas mit der Entwicklung noch vermutlich mit der Herstellung von Produkten zu tun. Wichtig ist hingegen die Lagerung, und wahrscheinlich wird er gelegentlich Medikamente nach Rezept mischen und verpacken. Der Apotheker erhält Lieferungen, doch es ist unwahrscheinlich, daß er selbst viel verschickt, da er die meisten Medikamente persönlich im Laden verkauft.

Die Situation in einer Bäckerei ist eine völlig andere. In einer Bäckerei wird gebacken; die Produktion ist also eine der zentralen Funktionen dieses Gebäudes. Bei Konditoreien oder Brotläden, die die Ware nicht selbst produzieren, sieht die Sache wiederum ganz anders aus. Die Backwaren werden in Empfang genommen und täglich verkauft, und nur sehr wenig bleibt bis zum nächsten Tag im Laden.

Vergleichen wir damit die Situation in einem Waschsalon. Hier entfallen die Funktionen der Lieferung, des Verkaufs, des

Versands und der Lagerung. Die «Bearbeitung» ist in diesem Fall die wichtigste Funktion.

Als letztes Beispiel nehmen wir eine Arbeitsvermittlungsagentur, bei der weder Güter an- noch ausgeliefert werden, nichts gelagert und nichts hergestellt wird.

Wie wenden wir die Feng-Shui-Prinzipien auf diese so unterschiedlichen Formen von kommerziellen Unternehmungen an, wenn die gleichen Prinzipien für alle Fälle gelten sollen?

Im Zusammenhang mit dieser Frage wollen wir uns an zwei Grundprinzipien der Feng-Shui-Lehre erinnern: die Fünf Elemente und die Acht Trigramme.

Die Fünf Elemente

Wenn man die Geschäftsräume eines kommerziellen Unternehmens nach der Feng-Shui-Lehre untersucht, so kommt dabei der Einfluß der Fünf Elemente auf ganz verschiedene Weise zum Tragen. Zunächst müssen wir feststellen, welches Element an dem betreffenden Standort vorherrscht. Um dann anschließend das Element zu ermitteln, das sich mit ersterem am besten verträgt, verfahren wir nach der bereits beschriebenen Methode. Wir müssen die allgemeine Orientierung des Gebäudes feststellen, außerdem die Ausrichtung der Eingangstür, und schließlich die Umgebung. Geschäftshäuser liegen gewöhnlich in einer städtischen Umgebung, weshalb Form und Art der umliegenden Gebäude und ihre Silhouetten von Bedeutung sind. Es kommt jedoch durchaus vor, daß kommerzielle Unternehmen in einer ländlichen Umgebung angesiedelt sind, beispielsweise solche, in denen handwerkliche Produkte hergestellt oder landwirtschaftliche Erzeugnisse verpackt werden. In diesem Fall muß das umliegende Gelände entsprechend den in den ersten Kapiteln erläuterten Regeln untersucht werden.

Zweitens muß man über die Art des Unternehmens nachdenken und feststellen, welches Element für die spezielle Form der

216

Aktivität am förderlichsten wäre, wobei zu bedenken ist, daß das Element, welches das erforderliche Element *erzeugt*, dasjenige ist, dessen ständige Anwesenheit sich am positivsten auswirken würde. Deshalb empfiehlt sich für unser erstes Beispiel, die Apotheke mit den pharmazeutischen, heilenden Produkten, das Element Holz. Wasser erzeugt Holz. Folglich ist es im Fall einer Apotheke äußerst günstig, wenn das Element Wasser dominiert. Ist dies nicht möglich, so würde in jedem Fall das Element Holz mit den Zwecken des Unternehmens harmonieren.

Im Fall der Bäckerei ist das Element Feuer zu empfehlen; folglich wäre Holz, das Element, das Feuer erzeugt, das nützlichste Element in einem solchen Gebäude.

Im dritten Beispiel, dem Waschsalon, ist natürlich Wasser das vorherrschende Element. Deshalb ist zu hoffen, daß entweder dieses Element oder, was noch besser wäre, Metall, das Element, das Wasser erzeugt, an diesem Standort dominiert.

Nun mag sich der Leser fragen, welches Element eine Arbeitsvermittlung am besten repräsentiert. Wasser ist das Element der Kommunikation, und Kommunikation ist gewöhnlich Zweck und Ziel solcher Agenturen. Obwohl also Unternehmen wie Waschsalons und Arbeitsvermittlungsagenturen ganz unterschiedliche Aufgabenbereiche haben, ist daher in beiden Fällen das gleiche Element bestimmend.

Wenn das Unternehmen natürlich völlig ungeeignet für das an einem bestimmten Standort vorherrschende Element ist (beispielsweise, wenn der Standort offensichtlich dem Einfluß des Elements Metall unterliegt, und das Unternehmen durch das Element Holz repräsentiert wird, was der Fall wäre, wenn die oben erwähnte Apotheke unter dem Bogen einer Eisenbahnbrücke läge), müßte der Geomant dem Klienten sagen, wie sich die schädlichen Einflüsse am besten ablenken oder neutralisieren lassen. Auch in diesem Fall würde er die gleiche Art von Rat wie bei einem Wohnhaus in entsprechender Lage geben. Einige Vorschläge für eine solche Situation finden Sie auf den Seiten 170 ff. («Wie man einen Ungleichgewichtszustand der Elemente ausgleicht»), es gibt aber auch noch andere Heilmittel, die sich nur bei bestimmten kommerziellen und industriellen Standorten anwenden lassen.

Die Acht Trigramme

Sobald das Gebäude errichtet und das Unternehmen gegründet ist, muß als nächstes entschieden werden, wie sich der vorhandene Raum am besten nutzen läßt.

Arbeit ist immer Veränderung: Der Steinmetz verändert die Form des Steins, der Maurer verändert die Position der Ziegel, der Schneider verändert den Fall des Stoffes, der Chemiker verändert die Zusammensetzung der Substanzen, der Arzt verändert den Gesundheitszustand des Patienten, der Taxifahrer verändert unseren persönlichen Aufenthaltsort, der Lehrer verändert die Grenzen des Wissens.

Die Acht Trigramme, das Herzstück jenes alten klassischen Werks *Buch der Wandlungen (I Ging)*, sind die Schlüssel zur Veränderung. Da jede Veränderung auf den Acht Trigrammen basiert, sind die Acht Trigramme das Mittel, mit dessen Hilfe die gesamte Arbeit durchgeführt wird, und folglich der Schlüssel zum Gedeihen jedes kommerziellen Unternehmens. Aus der Sicht der Feng-Shui-Lehre ist es deshalb wichtig, daß jede Arbeit an einem Ort ausgeführt wird, der sich unter dem Einfluß des für sie adäquatesten Trigramms befindet.

Wie bei einem Privathaus oder bei einer Wohnung muß man auch in diesem Fall zunächst ein Diagramm des Gebäudes anfertigen und dann die Trigramme entsprechend den ihnen zugeordneten Richtungen einzeichnen. So zeigt sich, welche Art von Arbeit in den einzelnen Bereichen am besten verrichtet werden sollte. Als nächstes notiert man unter Berücksichtigung der Orientierung des Gebäudes die Vorzeichen für jede Richtung, um festzustellen, welche Teile des Hauses (oder des Grundrisses) vorteilhaft und welche weniger erfolgversprechend sind. Hierbei geht man genauso vor, wie es im Abschnitt «Die Acht Richtungen» auf Seite 106 beschrieben wurde.

Sobald man Vergleichsdiagramme gezeichnet hat, wird man feststellen, daß bestimmte Bereiche für bestimmte Aspekte des Unternehmens geeignet sind, für andere hingegen nicht. Natürlich kann sich beim Ermitteln der Acht Vorzeichen herausstellen, daß die für das betreffende Unternehmen (aufgrund seiner Charakteristik) vorteilhaftesten Bereiche sich aufgrund der Vorzeichen als ungeeignet erweisen. Dies soll anhand eines Beispiels erläutert werden.

Angenommen, es handelt sich um eine Autowerkstatt, die nach Nordwesten orientiert ist. Anhand der Liste der Aktivitäten, die jedem Trigramm zugeordnet sind, kann man feststellen, daß das Trigramm *K'an*, Norden, mit Kreisbewegungen in Verbindung gebracht wird, was natürlich ideal ist für ein Unternehmen, bei dem Räder und Mechanik eine wichtige Rolle spielen. Doch das Gebäude, nach Nordwesten orientiert, ist vom *Ch'ien*-Typ, bei dem die (aufgrund der Unternehmenscharakteristik) ideale nördliche Position das Vorzeichen «Sechs Flüche» hat – was man wohl kaum als positiv interpretieren kann. Offensichtlich eignet sich diese Ausrichtung nicht für ein Unternehmen, dessen wichtigste Funktionen manuelle Geschicklichkeit (Mechanik) ist und Umgang mit (bzw. Arbeit an) Maschinen sind. Doch das bedeutet nicht, daß das Gebäude für jede Art von Unternehmen ungeeignet wäre. In der südwestlichen Position befindet sich das Vorzeichen «Langlebigkeit», während das Trigramm *K'un*, das der südwestlichen Position entspricht, sich für medizinische Zentren und Wohlfahrtseinrichtungen eignet. Diese Orientierung wäre folglich ideal für eine Apotheke.

Nachdem festgestellt worden ist, ob die Ausrichtung des Gebäudes für das betreffende Unternehmen geeignet ist oder nicht, muß als nächstes überlegt werden, wie man den verfügbaren Raum am besten aufteilt. Bestimmte Bereiche werden wahrscheinlich unter schlechten Vorzeichen stehen, allerdings kann es auch sein, daß die Anlage des Gebäudes die Bereiche ausspart, die unter den Einfluß der schlechtesten Aspekte fallen (zum Beispiel dann, wenn das Haus einen Grundriß von unregelmäßiger Form hat).

An diesem Punkt muß man zunächst die Bedeutung der verschiedenen Funktionen des Unternehmens gegeneinander abwägen. Weiter oben haben wir gesehen, daß bei vier unterschiedlichen Unternehmen jeweils mehr oder weniger Gewicht auf verschiedene Aspekte gelegt wurde, die im Prinzip für kommerzielle Unternehmen von Bedeutung sind. Wenn beispielsweise der Vertrieb (Distribution) ein wichtiger Faktor ist, muß das Gebäude so ausgerichtet sein, daß das Vorzeichen für die östliche Position günstig ist, weil das Trigramm *Chen* (der Osten) über Geschwindigkeit, Straßen und Verteilung im allgemeinen regiert. Der Leser wird feststellen, daß die Richtungen *K'an* (Norden), *Sun* (Südosten) und *Li* (Süden) allesamt günstige Vorzeichen in der östlichen Position haben.

Wenn wir die vier weiter oben angeführten Beispiele für Unternehmen zusammenfassen, können wir erkennen, welche der einzelnen Phasen des Produktionsprozesses wichtig und welche weniger wichtig sind bzw. ganz entfallen.

Art des Unternehmens	Apotheke	Bäckerei	Waschsalon	Agentur
Güterannahme	*	**		
Bearbeitung	*	****	**********	
Ladenverkauf	***	**	*	***
Lagerung	****			
Versand		*		
Kommunikation				*******
Kasse	***	***	*	*

Anhand dieser Tabelle sehen wir, daß nicht nur der Schwerpunkt der Aktivitäten, sondern auch der Gesamtumfang der Aktivitäten von Unternehmen zu Unternehmen differiert. Bei der Apotheke und der Bäckerei gibt es mehrere Aspekte, die relativ wichtig sind; beim Waschsalon und bei der Arbeitsvermittlungsagentur hingegen ist das Spektrum wesentlich kleiner. Wenn die Orientierung eines Gebäudes nicht viele günstige Vorzeichen hat, kann es trotzdem sein, daß es zufällig für einen wichtigen Bereich eines Unternehmens, das sich auf eine bestimmte Aktivität konzentriert, sehr günstig ist. Andere Unternehmen können von einem allgemein günstigen Einfluß profitieren, statt von einem einzigen Bereich mit einem besonders guten Vorzeichen.

Die Acht Arten von Aktivität

Die acht Arten von Veränderung, die sich in den Acht Trigrammen manifestieren, geben Auskunft über die Art der kommerziellen Aktivität, zu der sie jeweils am besten passen. Diese lassen sich wie folgt zusammenfassen:

K'an – **Norden**
Veränderung der Richtung.
Kreisbewegung.
Rotation, Bohrer, Drehbänke, stationäre Motoren; Arbeit an Maschinen und Mechanikerarbeiten.

K'an ist außerdem das Symbol der Gefahr und risikoreicher Aktivitäten, was mit Kreissägen, Bohrern und ähnlichen Werkzeugen in Verbindung gebracht werden kann. Wenn auf solchen Dingen der Schwerpunkt der Aktivitäten des betreffenden Unternehmens liegt, so sollte es unter guten Vorzeichen stehen. Vermeiden sollte man die Vorzeichen «Lebensende», «Unfälle und Mißgeschick» und «Sechs Flüche». Das Vorzeichen «Fünf Geister» ist akzeptabel, wenn die Arbeit an den Maschinen ein unbedeutender Teil des Unternehmens ist.

Ken – **Nordosten**
Keine Veränderung.
Barrieren; Unwandelbarkeit.
Unbeweglichkeit; Tore; Sicherheit; Lagerung; Safes; Tresor-
räume. Dieser Bereich ist ideal geeignet entweder für ein
Unternehmen für Sicherheitstechnologie oder für die Lagerung
von leicht verderblichen Waren und Wertgegenständen.

Chen – **Osten**
Ortsveränderung.
Lineare Bewegung
(im Gegensatz zur kreisförmigen Bewegung
des Trigramms Ken).
Straßen; Transportwesen; Geschwindigkeit; Vertrieb. Ideal für
Versand, Transport.
   Im Bereich der Produktion ist dieses Zeichen geeignet für
Fließbandproduktion, bei der es zu kumulativer Veränderung
kommt.

Sun – **Südosten**
Veränderung der Form.
Kontinuität.
Dieses Zeichen steht für Prozesse, bei denen Veränderung im
(scheinbaren) Stillstand eintritt. Geeignet für langsame Prozesse, die sorgsames Vorgehen erfordern, sowie für Routinear-
beiten.

Li – **Süden**
Veränderung der Substanz.
Feuer.
Chemische Prozesse und Produktionsprozesse, bei denen Hitze
erforderlich ist; Hochöfen, Brennöfen, Heizöfen, elektrische
Entladungen und sogar Kernenergie stehen unter dem Schutz
von *Li*.

K'un – **Südwesten**
Biologische Veränderung.
Nähren.
Sanfte Erzeugungsprozesse. Geeignet für die Züchtung von Laborkulturen, für das Keimen von Samen und für alle Arten von biologischen Prozessen.

In einem Industriekomplex ist dies der ideale Standort für den Sozialbereich oder für die Mitarbeiterkantine.

Tui – **Westen**
Psychologische Veränderung.
Reflexionen.
Ideal für alles, was mit Unterhaltung und Erholung zusammenhängt, statt mit Produktionsprozessen. Geeignet für die Reparatur von Musikinstrumenten, für die Eichung wissenschaftlicher Geräte und für präzise Messungen.

Ch'ien – **Nordwesten**
Kreative Veränderung.
Kraft; Ausdehnung, Kreativität.
Alle Dinge, die mit der Einleitung von Prozessen zusammenhängen: Entwurf, Management und Leitung.

Die Vorzeichen

Genau wie bei einem Privathaus oder bei einer Wohnung verändert sich die Position der Vorzeichen mit der Ausrichtung des Gebäudes. Der Leser sei hiermit noch einmal an die Namen der ungünstigen Vorzeichen erinnert:

Sechs Flüche
Fünf Geister
Lebensende
Unfälle und Mißgeschick

Die Namen der günstigen Vorzeichen sind:

Langlebigkeit

Vitalität

Himmlische Monade (Himmlischer Heiler)

Der Eingang zu dem Gebäude, das in der achten Richtung liegt, wird in einem späteren Abschnitt besprochen.

Bei der Planung des Arbeitsbereichs sollte man die Räumlichkeiten nicht nur daraufhin untersuchen, welche Richtung sich am besten für die betreffende Aktivität eignet, sondern auch berücksichtigen, ob eine gewinnbringende Entwicklung zu erwarten ist oder nicht. Aufgrund der Ergebnisse dieser Untersuchung sollten Vorschläge gemacht werden, wie sich die vorhandenen räumlichen Möglichkeiten am besten nutzen lassen.

Die Vorzeichen werden etwas unterschiedlich gedeutet, je nachdem, ob es sich um ein Wohnhaus oder um ein gewerblich genutztes Gebäude handelt. Um ein Beispiel zu nennen: Im Schlafzimmer eines Wohnhauses sind die «Fünf Geister» sicher nicht gern gesehen, doch spielt es keine Rolle, ob ein bestimmter Arbeitsplatz von Geistern bewohnt wird, denn die einzigen, die darunter leiden können, wären Angestellte, die an ihrem Arbeitsplatz schlafen. Somit könnte dies der ideale Standort für den Aufenthaltsraum des Nachtwächters sein! Und während in einem Wohnhaus das Vorzeichen «Langlebigkeit» in einem Schlafzimmer oder Wohnzimmer begrüßt würde (da sich die Hausbewohner in diesen Räumen die meiste Zeit aufhalten), sollten bei manchen Geschäftsunternehmen besser bestimmte «tote» Bereiche wie etwa Lagerräume durch das Vorzeichen «Langlebigkeit» geschützt sein – falls die Lagerung verderblicher Güter ein wichtiger Bestandteil des Geschäfts ist.

Wir werden nun nacheinander die sieben Vorzeichen untersuchen und schauen, welche Teile eines Unternehmens am besten zu bestimmten Vorzeichen passen.

224

Sechs Flüche

Schon an früherer Stelle wurde erwähnt, daß das Vorzeichen der «Sechs Flüche» Irritationen und Rückschläge signalisiert. Deshalb ist unter diesem Vorzeichen kaum eine problemlose Unternehmensentwicklung zu erwarten. Der Chef sollte entscheiden, welcher Teil der Geschäftsführung des Konzerns am robustesten ist und den «Sechs Flüchen» am ehesten standhalten kann. Wahrscheinlich legt man am besten die Kantine oder die Ruheräume in diesen Bereich – natürlich nur, wenn die Beziehungen unter den Mitarbeitern nicht darunter leiden würden.

Position von «Sechs Flüche» bei den verschiedenen Ausrichtungen des Gebäudes

Ausrichtung des Eingangs	*Sechs Flüche*
Norden	Nordwesten
Nordosten	Osten
Osten	Nordosten
Südosten	Westen
Süden	Südwesten
Südwesten	Süden
Westen	Südosten
Nordwesten	Norden

Fünf Geister

Die Position der «Fünf Geister» ist wahrscheinlich unproblematisch, wenn es sich um eine Fabrik oder um ein Geschäftshaus handelt, das während der ganzen Nacht nicht benutzt wird. Das Sicherheitspersonal mag sich ein wenig unwohl fühlen, wenn es nachts einen Bereich inspizieren muß, von dem es heißt, daß sich dort Geister aufhalten, doch in China pflegt man in solchen Fällen einen Altar am Platz der «Fünf Geister» aufzustellen, nicht nur, um diese zu besänftigen, sondern auch, um sie zur Kooperation zu bewegen. Wenn chinesische Manager feststellen, daß in einem bestimmten Bereich der Fabrik immer wieder Probleme auftreten – wenn es beispielsweise immer wieder zu unerklärlichen Unfällen kommt –, sucht man häufig bei einem Feng-Shui-Experten Rat. Wenn sich herausstellt, daß der betreffende Bereich von den «Fünf Geistern» besetzt ist und diese sich auch durch einen Altar nicht geneigt stimmen lassen, bleibt nur noch die Möglichkeit, sie zu vertreiben. Ein solcher negativer Bereich könnte eventuell auch gute Dienste als Ruheraum leisten, da dieser unter den gegebenen Umständen sicherlich nicht übermäßig genutzt werden wird.

Position von «Fünf Geister» bei den verschiedenen Ausrichtungen des Gebäudes

Ausrichtung des Eingangs	*Fünf Geister*
Norden	Nordosten
Nordosten	Südosten
Osten	Nordwesten
Südosten	Südwesten
Süden	Westen
Südwesten	Südosten
Westen	Süden
Nordwesten	Osten

Lebensende

Dies ist ein sehr ungünstiger Bereich; große physische Gefahren drohen hier. Keinesfalls sollten an dieser Stelle schwere oder gefährliche Maschinen aufgestellt werden, und es sollten auch keine riskanten Arbeiten verrichtet werden, ohne zuvor die striktesten Sicherheitsvorkehrungen zu treffen. Besser wäre es, diesen Bereich als Lagerraum zu benutzen, wobei man jedoch ebenfalls dafür sorgen muß, daß die dort untergebrachten Güter mit äußerster Vorsicht behandelt werden.

Position von «Lebensende» bei den verschiedenen Ausrichtungen des Gebäudes

Ausrichtung des Eingangs	Lebensende
Norden	Südwesten
Nordosten	Süden
Osten	Westen
Südosten	Nordosten
Süden	Nordwesten
Südwesten	Norden
Westen	Osten
Nordwesten	Süden

Langlebigkeit

Dies ist eines der günstigsten Vorzeichen. Am besten sollte man hier das Direktionsbüro einrichten oder die Buchhaltung, um eine günstige Entwicklung des Unternehmens zu sichern. Doch wie bereits in der Einleitung zu diesem Abschnitt gesagt wurde: Wenn die Tätigkeit des Unternehmens in der Lagerung verderblicher oder sehr wertvoller Güter besteht, so wäre dies auch ein idealer Platz für Kühlhäuser oder Tresorräume. Meistens jedoch wird man Lagerräume dort einrichten, wo unheilvolle Einflüsse sich aller Voraussicht nach nicht weiter entfalten können.

Position von «Langlebigkeit» bei den verschiedenen Ausrichtungen des Eingangs

Ausrichtung des Eingangs	Langlebigkeit
Norden	Süden
Nordosten	Südwesten
Osten	Südosten
Südosten	Osten
Süden	Norden
Südwesten	Nordwesten
Westen	Nordosten
Nordwesten	Südwesten

Unfälle und Mißgeschick

Auch dieser Bereich ist unfallträchtig, obgleich das Resultat hier wahrscheinlich nicht so katastrophal ausfallen wird wie bei Bereichen, die unter dem unglückbringenden Einfluß des Vorzeichens «Lebensende» stehen. In diesem Bereich sollte möglichst nichts getan werden, was irgendwie mit Schneiden, der Verwendung scharfer Werkzeuge und mit anderen gefährlichen Arbeiten zusammenhängt.

Position von «Unfälle und Mißgeschick» bei den verschiedenen Ausrichtungen des Gebäudes

Ausrichtung des Eingangs	Unfälle und Mißgeschick
Norden	Westen
Nordosten	Westen
Osten	Südwesten
Südosten	Nordwesten
Süden	Nordosten
Südwesten	Osten
Westen	Norden
Nordwesten	Südosten

Vitalität

Dies ist eine der kreativsten Positionen. Wenn der Erfolg des Unternehmens davon abhängt, daß man Neuem gegenüber stets aufgeschlossen ist, sollte dieser Bereich als Entwicklungsbüro genutzt werden. Ist die kreative Seite weniger wichtig, so sollten dort Buchhaltung und Management ihren Platz haben, um den günstigen Einfluß des Vorzeichens «Vitalität» für die finanzielle Situation des Unternehmens zu nutzen.

Position von «Vitalität» bei den verschiedenen Ausrichtungen des Gebäudes

Ausrichtung des Eingangs	Vitalität
Norden	Südosten
Nordosten	Nordwesten
Osten	Süden
Südosten	Norden
Süden	Westen
Südwesten	Nordosten
Westen	Nordwesten
Nordwesten	Westen

Himmlische Monade (Himmlischer Heiler)

Dies ist ein generell günstiger Bereich, dessen Einfluß eher breitgestreut als spezifisch ist. Man sollte ihn für die zweit- oder drittwichtigste Funktion des Unternehmens reservieren. Routinearbeit, Verwaltung, Versand von Gütern, praktisch alles, was dem primären Zweck des Unternehmens dient, würde sich in dem vom Vorzeichen «Himmlische Monade» beeinflußten Raum günstig entwickeln.

Position von «Himmlische Monade» bei den verschiedenen Ausrichtungen des Gebäudes

Ausrichtung des Eingangs	Himmlische Monade
Norden	Westen
Nordosten	Norden
Osten	Norden
Südosten	Süden
Süden	Südosten
Südwesten	Westen
Westen	Südwesten
Nordwesten	Nordosten

Ch'i und *Sha*

Bisher haben wir uns in diesem Kapitel mit der Anwendung der aus dem Wohnbereich bekannten Feng-Shui-Regeln auf kommerziell genutzte Gebäude befaßt. Wir haben also das Feng-Shui eines Unternehmens nach den Prinzipien der Kompaßschule untersucht. Nun wollen wir die Feng-Shui-Situation des Unternehmens aus der Sicht der Formschule betrachten. Dabei gehen wir von den gleichen Überlegungen aus wie bei der Überprüfung von Privathäusern; nur der Schwerpunkt ist ein anderer, insbesondere hinsichtlich der Kanalisierung des *Ch'i*.

Zuerst schauen wir uns die Türen und Fenster an. Wieder müssen wir berücksichtigen, was für ein Betrieb es ist und welche Funktion Türen und Fenster im speziellen Fall haben. Die Antwort ist nicht so offensichtlich, wie es zunächst scheinen mag. Anhand der zuvor erwähnten vier Beispiele haben wir gesehen, wie unterschiedlich bei einer Apotheke, einer Bäckerei, einem Waschsalon und einer Arbeitsvermittlungsagentur die Bedeutung der verschiedenen Unternehmensbereiche ist. Nun wollen wir uns die funktionellen Unterschiede von vier weiteren typischen Publikumsgeschäften anschauen: einem Obst- und Gemüseladen, einem Möbelgeschäft, einem Juwelier und einer Bank.

Zuerst befassen wir uns mit der Tür. Beim Gemüsehändler fällt die Tür kaum auf. Häufig steht ein Großteil der Ware auf der Straße; die Ladentür ist weit geöffnet, damit viel frische Luft an die Produkte kommt und sie so länger appetitlich bleiben. Folglich handelt es sich hier um einen Laden vom offenen oder *Yang*-Typ, und die Kunden merken wahrscheinlich kaum, daß sie eine Türschwelle überschreiten, wenn sie sich dort umschauen und einkaufen.

Bei einem Möbelgeschäft hingegen werden in riesigen Schaufenstern große und sperrige Produkte ausgestellt. Doch um die Ware, die wahrscheinlich mehr als hundertmal wertvoller ist als die des Gemüsehändlers, gegen Witterungseinflüsse zu schützen, müssen die Türen geschlossen bleiben. Auch in diesem Fall handelt es sich um ein offenes Ladengeschäft, in dem die Interessenten zwischen den Objekten umherwandern. Allerdings gibt es noch einen weiteren Unterschied zum ersten Beispiel: Die Kunden können die Möbelstücke ihrer Wahl kaum sofort mit nach Hause nehmen.

Bei einem Juwelier werden mindestens ebenso wertvolle Güter verkauft wie in einem Möbelgeschäft, allerdings kann man von einem Juwelier nicht erwarten, daß er die Kundschaft einfach so zwischen Uhren, Ringen und Broschen herumstöbern läßt und ihr gestattet, diese Ware nach Belieben in die Hand zu nehmen. Zwar werden auch in diesem Fall in den Schaufenstern Produkte ausgestellt, doch sind diese viel kleiner. Und die Türen dienen nicht nur dazu, die Witterungseinflüsse abzuhalten, sondern sie haben auch die Funktion, unliebsame Gäste fernzuhalten; sie öffnen sich nur bei Bedarf. Dies ist ein Ladengeschäft vom geschlossenen *Yin*-Typ.

Nun kommen wir zur Bank. Möglicherweise hat sie überhaupt keine Fenster, und die Türen sind riesig, eindrucksvoll und mit den verschiedensten Sicherheitsvorkehrungen versehen. Möglicherweise hängen Hinweise auf die besonderen Dienstleistungen und auf die Zinskonditionen des Instituts aus, sicherlich aber sind keinerlei Waren ausgestellt. Auch hier handelt es sich um ein Geschäft vom geschlossenen Typ.

Bei der Untersuchung des *Ch'i*-Flusses in einem kommerziell genutzten Gebäude muß berücksichtigt werden, um welche Art von Unternehmen es sich handelt, da dies nicht nur darüber entscheidet, wie *Ch'i* kanalisiert werden soll, sondern außerdem etwas über die Anfälligkeit gegenüber Angriffen von feindlichem *Sha* aussagt.

Der Eingang

Erstens dürfen keine geraden Linien in Form von Wegen oder Mauerecken auf den Eingang zulaufen. Ist dies jedoch der Fall, so gibt es mehrere Möglichkeiten, «geheimen Pfeilen» und anderen schädlichen Einflüssen entgegenzuwirken. Spiegel lenken gerade Linien um und haben außerdem den Vorteil, daß sie das Innere des Ladens erhellen und den Eindruck eines größeren Warenangebots erwecken.

Eine andere nützliche Maßnahme ist, die Waren im Laden in einem günstigen Winkel aufzustellen, beispielsweise in Rautenform, was außerdem zur Folge hat, daß die Kunden um die Auslagen herumgehen müssen. Doch hängt natürlich viel von der Art der Waren ab, die verkauft werden sollen.

Zum Aufstellen der Einrichtung in einem bestimmten Winkel gibt es eine Variante, auf die Banken und Juweliere häufig zurückgreifen: Die Tür wird seitlich versetzt angebracht. Ursprünglich sollte diese Maßnahme dem gesamten Gebäude ohne großen finanziellen Aufwand eine andere Ausrichtung geben. Wenn es sich beispielsweise um ein Gebäude vom *Ch'ien-* oder Nordwest-Typ handelte, die günstigste Ausrichtung für die betreffende Art von Unternehmen jedoch der Norden war, so verlegte man den Eingang zurück und setzte die Tür so ein, daß sie nach Norden wies. Auf diese Weise wurde die Position sämtlicher Vorzeichen verändert, ohne daß man das gesamte Gebäude umbauen mußte.

Im Laufe der Zeit setzte sich dann die Überzeugung durch, daß allein diese Maßnahme gutes Feng-Shui garantiere. Daraus entwickelte sich später eine regelrechte architektonische Mode, ohne daß man den ursprünglichen Grund dafür noch verstanden hätte. Eine bestimmte Bank in Hongkong läßt die Türen zu ihren Filialen grundsätzlich in einem Winkel zur Gebäudefront anbringen, und es wird allgemein angenommen, dies geschehe nicht aus Design-Gründen, sondern um gutes Feng-Shui anzuziehen.

Wenn man den Eingang in einen Vorraum verlegt, in dem sich eine derart eingesetzte Tür befindet, so hat dies den Vorteil, daß auf diese Weise potentielle Kunden häufig in den unverschlossenen Teil des Eingangsbereichs gezogen werden – den Bereich des Vorraums –, weil sie sich die im Fenster ausgestellten Waren anschauen wollen, ohne daß sie das Geschäft selbst zu betreten brauchen. Dies ist besonders für Geschäfte vom geschlossenen Typ (wie das eines Juweliers) von Vorteil, in denen es nicht üblich ist, Kunden herumlaufen und in der Ware stöbern zu lassen.

Durch die Türen

Hat der Eingang die gewünschte Ausrichtung, so sollte man sich über die Türen selbst Gedanken machen. Daß sich bei öffentlichen Gebäuden die Türen aus Sicherheitsgründen nach außen öffnen müssen, hat seine Berechtigung, doch wirkt es zweifellos regelrecht abschreckend, wenn die Türen dem Besucher ins Gesicht schlagen. Die meisten Haustüren öffnen sich nach innen, und die Geomanten der Formschule sind übereinstimmend der Meinung, dies lenke positiv wirkendes *Ch'i* ins Haus. Kommerzielle Unternehmen, die verpflichtet sind, die Türen so anzubringen, daß sie sich nach außen öffnen lassen, sollten sich an diese Sicherheitsbestimmungen halten, hingegen die Türen, die tatsächlich ins Innere des Gebäudes führen, so anbringen, daß sie sich nach innen öffnen. Wenn der Grundriß des Gebäudes es nicht zuläßt, zwei aufeinanderfolgende Türen mit unterschiedlicher Öffnungsrichtung zu installieren, sollte man Schwingtüren, Drehtüren oder eine Schiebetür, jene nützliche Erfindung des Ostens, verwenden.

Sobald der Besucher sich im Gebäude befindet, wird er gleich mit einem Unterschied zwischen einem kommerziell genutzten Gebäude und einem Wohnhaus konfrontiert. Kommerziell genutzte Gebäude sind während der Geschäftszeiten für Publikumsverkehr geöffnet. Manchmal werden Besucher sogar ausdrücklich aufgefordert, unverbindlich einzutreten und sich die zum Verkauf angebotene Ware anzuschauen. In Banken, Agenturen und bei Großhändlern gibt es bestimmte Teilbereiche, zu denen die Öffentlichkeit keinen Zutritt hat, und potentielle

Kunden werden in manchen Fällen nur nach vorheriger Anmeldung empfangen. Doch in jedem Fall, vom Gemüsehändler bis zur Handelsbank, geht es darum, auf Besucher von Anfang an einen möglichst guten Eindruck zu machen, entweder durch die Vielfalt und Qualität des Warenangebots, oder, falls es sich um weniger offene Unternehmen handelt, indem man den Eindruck von Effizienz und Fachkompetenz zu erwecken versucht.

Chinesische Unternehmen legen häufig im Empfangsbereich Innengärten an, gewöhnlich mit Zierteichen, in denen Fische schwimmen, um positives *Ch'i* anzuregen. Je geschlossener der Eingangsbereich ist, um so wichtiger ist es, stimulierendes *Ch'i* zu erzeugen. Natürlich kann man durch Plazierung von Pflanzen (Holz), Fischen (Feuer), Ziersteinen (Erde) oder Teichen (Wasser) auch einen Ungleichgewichtszustand der Elemente an einem wichtigen Punkt korrigieren. Auf diese Weise vermögen derartige Objekte sowohl aus der Sicht der Formschule wie auch der Kompaßschule eine ungünstige Feng-Shui-Situation auszugleichen.

Beispiel für eine
chinesische Feng-Shui-Karte

10 Ein Feng-Shui-Gutachten über Ihr Zuhause

Der Leser hat nun die Grundprinzipien der beiden Feng-Shui-Schulen kennengelernt – die der Formschule, die sich mit der Beziehung eines bestimmten Standorts zu einer Umgebung beschäftigt, und die der Kompaßschule, die untersucht, welche Implikationen die Ausrichtung eines Gebäudes hat. Wahrscheinlich möchten jetzt viele Leser gerne Berechnungen über ihre eigene Wohn- bzw. Arbeitssituation anstellen. Dafür ist es wichtig, alle in diesem Buch behandelten Details zusammenzufassen – und zwar nicht in der Reihenfolge der verschiedenen Prinzipien, sondern in der Reihenfolge, in der jemand, der selbst ein bestimmtes Gebäude nach den Regeln der Feng-Shui-Lehre untersuchen will, vorgehen müßte.

Das soll in diesem Kapitel geschehen, damit Sie sich ein Bild des Feng-Shui Ihrer eigenen Situation verschaffen können.

Der Anfang

Ihr Ziel ist, sich einen vollständigen geomantischen Überblick über bestimmte Gebäude zu verschaffen. Deshalb finden Sie auf den Seiten 248 und 251 geomantische Übersichtsdiagramme. Einige der Seiten sollen Ihnen beim Zusammenstellen Ihrer Notizen und bei der Durchführung der Berechnungen helfen, während andere für die abschließende geomantische Beurteilung gedacht sind. Sie können die graphischen Darstellungen aus diesem Buch benutzen oder eigene entwerfen. Wenn Sie nichts in das Buch hineinschreiben wollen, können Sie die entsprechenden Seiten zuvor kopieren. In jedem Fall brauchen Sie Notizpapier, einen Stift und einen ganz normalen Kompaß.

Wenn die Untersuchung, die Sie machen wollen, für Sie selbst ist, können Sie sofort den Namen des Klienten (also Ihren eigenen Namen) und den Standort des Gebäudes in das Formular eintragen. Vielleicht haben Sie ja auch bereits die Vorarbeit für die späteren Prozeduren geleistet, indem Sie etwa Ihre Geburtszahl errechnet und vorgemerkt haben. Wenn Sie eine Beurteilung für jemand anderen erstellen wollen, dessen Daten Sie bereits kennen, sollten Sie ebenfalls zuerst die Geburtszahl errechnen, bevor Sie mit der eigentlichen Arbeit beginnen. Wir werden hier jedoch der Übung halber ganz von vorn anfangen: Wir gehen davon aus, daß ein Geomant gebeten wurde, eine Feng-Shui-Analyse für ein bestimmtes Gebäude zu erstellen, und daß er die notwendigen Informationen noch nicht hat.

Bei der Ankunft am Standort des Gebäudes

Stellen Sie mit Hilfe eines gewöhnlichen Kompasses fest, wo der (magnetische) Norden liegt.

Legen Sie den Kompaß auf die grafische Darstellung der chinesischen Kompaßscheibe (S. 198/199), so daß Sie sich mit der Richtung der 24 chinesischen Kompaßpunkte vertraut machen können.

Schreiben Sie alle topographischen und architektonischen Details auf, die vom Standort des Gebäudes aus zu sehen sind. Notieren Sie auch jeweils die Kompaßrichtung entsprechend den 24 chinesischen Kompaßpunkten.

Eine Liste von möglichen Details finden Sie auf den Seiten 15ff. Achten Sie insbesondere auf:

Berge in der Ferne
Wasser (Flüsse, Bäche, Seen, Kanäle, Teiche)
Hohe Bäume
Offene Flächen

Pfeiler, Pfähle
Bögen
Hohe Gebäude
Die Form der Dächer
Straßen und Wege, die unmittelbar auf das Gebäude zulaufen
Telefondrähte
Jede andere Art von auffälligen Merkmalen

Kommentar und Rat
Wenn irgendwelche Details vorhanden sind, die schädliches
Sha *oder günstiges* Ch'i *repräsentieren, so achten Sie besonders*
auf diese. Im ersteren Fall sollten Sie sich überlegen, was Sie
empfehlen wollen, um Sha zu eliminieren. Dieses Thema wird
ausführlich in früheren Kapiteln dieses Buches behandelt.

Stellen Sie, falls vorhanden, die Position des Drachen, des
Vogels, des Tigers und der Schildkröte fest.

Kommentar und Rat
Stellen Sie, wenn möglich, die Position des Drachens oder
ersatzweise der anderen Tiere fest. Wenn sie sich identifizieren
lassen, so klären Sie den Klienten über deren potentiellen
Nutzen auf. Geben Sie sich jede erdenkliche Mühe, sie zu
finden, da es von einer negativen Einstellung zeugt, wenn man
dem Klienten sagt, ein Standort sei aus der Sicht der Feng-Shui-
Theorie nicht ideal.

Falls es sich um ein terrassenförmig angelegtes oder ein Reihen-
haus handelt, so daß eine oder mehrere seiner Mauern an andere
Grundstücke angrenzen, notieren Sie dies. Stellen Sie fest,
welche Mauern auf diese Weise miteinander verbunden sind,
denn dadurch werden gute wie schlechte Feng-Shui-Einflüsse an
den betreffenden Hausseiten blockiert.

Kommentar und Rat
*Wenn Sie das Orientierungsdiagramm in die Mitte der Kom-
paßskizze zeichnen (siehe weiter unten), so ziehen Sie eine
Linie quer durch das Viertel des Kreises, der den Teil des
Hauses darstellt, welcher durch das angrenzende Haus blok-
kiert ist. Alle Feng-Shui-Eigenschaften auf jener Seite können
ignoriert werden, es sei denn, sie sind von einem der oberen
Stockwerke oder von einem Teil des Hauses – beispielsweise
von einem Anbau oder von einem Wintergarten – aus zu sehen,
der nicht an das Nachbarhaus grenzt.*

Stellen Sie sich an den Eingang des Gebäudes, und notieren Sie
die Orientierung des Hauses entsprechend den Acht Richtungen. Notieren Sie auch, ob der Weg, der zum Hauseingang führt,
sich dem Gebäude frontal, in einer Kurve oder von der Seite her
nähert.

Kommentar und Rat
*Zugangswege sollten nicht direkt auf ein Haus zuführen. Schla-
gen Sie, wenn dies der Fall ist, Ersatzlösungen vor.*

Beim Eintritt in das Gebäude

Notieren Sie, ob sich die Türen nach innen öffnen, so daß *Ch'i* ins
Haus gelangen kann.

Kommentar und Rat
*Es ist sehr ungewöhnlich, wenn sich der Haupteingang nach
außen öffnet. Ist dies der Fall, so sollte das geändert werden
oder ein anderer Eingang zum Haupteingang umfunktioniert
werden.*

Wenn es sich um ein Eingangsportal mit zwei Türen handelt, so
stellen Sie fest, ob beide an der gleichen Seite aufgehängt sind.

238

Kommentar und Rat
Türen sollten sich in die gleiche Richtung und zur gleichen Seite
hin öffnen. Es ist schon unter rein praktischen Gesichtspunkten
umständlich, wenn sich nebeneinanderliegende Türen in ver-
schiedene Richtungen öffnen.

Stellen Sie fest, ob beide Türen in einer Linie ausgerichtet sind.

Kommentar und Rat
Wenn es aufgrund der Gegebenheiten nicht möglich ist, beide
Türen in einer Linie auszurichten, sollten Sie dem Hausbesitzer
raten, an der inneren Tür Streifen von Spiegelglas anzubringen.

Stellen Sie fest, ob eine Treppe direkt auf die Eingangstür
zuführt oder ob man die Hintertür von der Haustür aus sehen
kann.

Kommentar und Rat
Man kann einen Vorhang oder einen Wandschirm zwischen
Vordertür und Hintertür anbringen, um den Verlust von Ch'i *zu*
verhindern.
  Im Fall der Treppen greift man häufig zu dem Gegenmittel,
Talismane oder Schutzgottheiten am Kopf der Treppe oder auf
dem Treppenabsatz in mittlerer Höhe aufzustellen. Doch wartet
man mit dem Einrichten eines Altars am besten, bis die Position
des Vorzeichens «Fünf Geister» festgestellt worden ist.

Untersuchung der einzelnen Räume

Zunächst einige allgemeine Dinge, die für alle Räume des
Hauses gelten.
  Notieren Sie die Ausrichtung der Fenster.

Kommentar und Rat
Sind irgendwelche günstigen Faktoren (beispielsweise ein Dra-
che oder ein Tiger) von einem bestimmten Fenster aus zu sehen?
Oder sind Dinge zu sehen, die einen ungünstigen Einfluß
ausüben? Bei der Möblierung des betreffenden Raums sollten
diese Faktoren berücksichtigt werden.

Stellen Sie fest, ob ein Fenster direkt gegenüber der Tür liegt.

Kommentar und Rat
Fenster, die gegenüber der Tür liegen, können bewirken, daß
nützliches Ch'i sich wieder verflüchtigt, bevor es im Raum
zirkulieren konnte.

Stellen Sie fest, ob irgendwo im Haus Fenster einander direkt
gegenüberliegen.

Kommentar und Rat
Denken Sie daran, daß Fenster, die einander gegenüberliegen,
eine Instabilität innerhalb des Raums erzeugen. Empfehlen Sie
in solchen Fällen etwas, das hilft, einen Ruhepunkt zu kreieren.

Stellen Sie die Position von Deckenbalken fest.

Kommentar und Rat
Trotz ihrer Beliebtheit wegen des rustikalen Flairs gelten sicht-
bare Deckenbalken als Faktoren, die einen ungünstigen Einfluß
ausüben. Empfehlen Sie, keine Möbel unter solche Balken zu
stellen. Falls es sich um ein kleines Schlafzimmer handelt, in
dem es nicht möglich ist, das Bett so zu plazieren, daß kein
Balken darüber verläuft, sollte man es zumindest in Längsrich-
tung zum Balken rücken.

Weitere Anmerkungen zu speziellen Räumen

Jeder Raum im Haus erfüllt einen besonderen Zweck. Deshalb muß er bestimmte Kriterien erfüllen, die für andere Räume möglicherweise nicht wichtig sind. Berücksichtigen Sie die folgenden Anmerkungen, wenn Sie sich die einzelnen Räume anschauen.

Das Wohnzimmer

Stellen Sie den *Ch'i*-Fluß fest.

Kommentar und Rat
Das förderliche Ch'i *sollte sanft durch diesen Raum fließen, um häusliche Harmonie und Wohlstand zu fördern. Außerdem ist es wichtig, daß das Vorzeichen dieses Raums eines der günstigsten ist.*

Schauen Sie aus dem Fenster, und notieren Sie, was zu sehen ist.

Kommentar und Rat
Die Aussicht sollte angenehm sein und nicht im Schatten des Hauses liegen: Demnach wäre eine Ausrichtung nach Süden am günstigsten. Da dieser Raum vermutlich meist an Nachmittagen und Abenden benutzt wird, ist auch ein Ausblick nach Westen günstig.

Notieren Sie jede Unregelmäßigkeit im Grundriß des Raumes.

Kommentar und Rat
Wenn der Raum einen unregelmäßigen Grundriß hat, so berechnen Sie die Vorzeichen, und teilen Sie den ungünstigsten Bereich des Raums durch einen Wandschirm oder einen anderen Raumteiler ab.

241

Notieren Sie die Position der Stühle.

Kommentar und Rat
Der Stuhl des Haushaltsvorstands sollte nicht mit der Rückseite
zu einem Fenster oder zu einer Tür stehen. Der Grund hierfür
ist offenbar, daß dies bei Eindringen eines ungebetenen Gastes
eine ungünstige Position ist. Die Chinesen ziehen es vor, die
Möbel parallel zu den vier Wänden aufzustellen. Möglichst
sollte kein Stuhl mit dem Rücken zu einem Fenster oder zu einer
Tür stehen, sondern seitlich davon. Ist dies nicht möglich, so
sollte man einen Spiegel so anbringen, daß darin die Tür von
den Stühlen aus jederzeit zu sehen ist.

Der Haushaltsvorstand sollte in Südrichtung sitzen, und
einem Ehrengast gibt man ebenfalls einen Platz, der in diese
Richtung weist.

Das Eßzimmer

Wenn die Familie gemeinsam am Tisch sitzt, sollten die einzelnen Mitglieder entsprechend der relativen Position der Acht
Trigramme plaziert werden. Die Platzverteilung an einem acht-
eckigen Tisch kann aus den Tabellen im Kapitel über die
Trigramme (siehe S. 103) abgeleitet werden. Bei einem langen
rechteckigen Tisch sollten die einzelnen Familienmitglieder die
folgenden Positionen einnehmen:

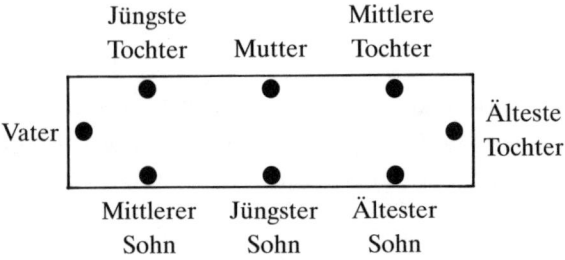

Notieren Sie die Orientierung des Fensters und die Lage des Eßzimmers.

Kommentar und Rat

Man sagt, daß das Fenster des Eßzimmers eine andere Orientie-rung haben soll als das Eßzimmer selbst, damit der Ch'i-Fluß angeregt wird. Folglich sollte das Eßzimmer in einer Ecke des Hauses liegen. Wenn es beispielsweise im südlichen Teil des Hauses liegt, sollten die Fenster nicht nach Süden, sondern nach Osten oder nach Westen weisen.

Die Küche

Die meisten Unfälle passieren im Haus vor allem in der Küche.
Notieren Sie die Position des Herdes und der Wasserzulei-tungen.

Kommentar und Rat

Es ist sehr wichtig, daß die Küche nicht in einem Bereich liegt, der unter dem Einfluß eines der schlechten Vorzeichen wie beispielsweise «Unfälle und Mißgeschick» steht. Die Gefahr von seiten des Elements Feuer braucht wohl nicht näher erläu-tert zu werden. Das Element Metall kann in Form der vielen Messer sowie anderer scharfer Gegenstände, die man in Küchen findet, eine Bedrohung darstellen. Sorgen Sie dafür, daß der Herd (der das Element Feuer repräsentiert) weder dem Element Wasser noch dem Element Holz benachbart ist. Durch die Nachbarschaft von Holz wird die Gefahr eines Feuers vergrö-ßert. Durch Wasser in der Nachbarschaft entsteht das chinesi-sche Schriftzeichen mit der Bedeutung «Unglück».

Statt dessen sollte man dafür sorgen, daß der Herd – zumin-dest symbolisch – nicht neben der Spüle oder in der Nähe von Wasserleitungen steht, indem man zum Beispiel etwas dazwi-schenstellt, was die Elemente Erde und Metall repräsentiert (etwa Schränke für Töpfe und Pfannen).

Das Bad

Notieren Sie die Lage des Badezimmers sowie andere bedeutsame Merkmale.

Kommentar und Rat
Die Nordseite eines Gebäudes, die dem Element Wasser entspricht, ist ein geeigneter Ort für das Badezimmer. Doch sollte man zunächst feststellen, welches Vorzeichen der Nordseite des betreffenden Gebäudes zugeschrieben wird. Wenn es sich um das Vorzeichen «Unfälle und Mißgeschick» handelt, ist besondere Vorsicht geboten, insbesondere wenn dieser Raum von kleinen Kindern oder älteren Menschen benutzt wird.

Nach einer volkstümlichen Feng-Shui-Regel sollte das Bad nicht ins Schlafzimmer führen. Die Erklärung hierfür lautet, daß das Schlafzimmer von einem sanften Ch'i-Fluß durchströmt werden sollten, während es im Bad wichtig ist, das verbrauchte Ch'i so schnell wie möglich zu erneuern.

Nach den Feng-Shui-Prinzipien sollte Wasser das Haus unsichtbar verlassen – eine Erinnerung daran, daß alle Abflüsse aus dem Badezimmer (und der Küche) vollständig in der Wand verborgen sein sollten.

Das Schlafzimmer

Der Raum, in dem der Mensch einen großen Teil seiner Zeit verbringt, ist das Schlafzimmer. Deshalb ist seine Lage besonders wichtig. Mehr als jeder andere Raum muß das Schlafzimmer auf die Feng-Shui-Horoskope seiner Bewohner abgestimmt sein.

Notieren Sie die Orientierung der Fenster.

Kommentar und Rat
Bei jungen Menschen kann das Fenster nach Osten weisen, so daß sie voll in den Genuß der energiespendenden Kraft der

244

aufgehenden Sonne kommen können. Bei Älteren ist es besser, wenn das Fenster die sanfteren Strahlen der untergehenden Sonne einfängt. Bei einem Schlafzimmer, das in Südrichtung liegt, kann der wohltuende Yang-*Einfluß der Sonne seine Wirkung nicht entfalten, da dieser Raum tagsüber nicht benutzt wird. Und ein nach Norden liegendes Schlafzimmer empfängt diesen Einfluß nie.*

Notieren Sie die Position des Betts.

Kommentar und Rat
Das Bett sollte nicht direkt in der Sonne stehen, weil ein Übermaß an Yang *den Schlaf stört. Das gleiche gilt für Spiegel: Zu viele Spiegel erzeugen ein Übermaß an stimulierendem* Ch'i, *und das Bett sollte nicht einem Spiegel gegenüberstehen, damit die Seele, wenn sie sich zu ihren nächtlichen Wanderungen erhebt, nicht ihr eigenes Spiegelbild sieht.*
Das Bett sollte nicht der Tür gegenüberstehen, da dann eine zu starke Assoziation zu Beerdigungen gegeben ist, denn Tote trägt man mit den Füßen zuerst aus dem Raum.

Das Arbeitszimmer

Notieren Sie alle speziellen Merkmale des Arbeitszimmers.

Kommentar und Rat
Arbeitszimmer sind fast immer voll von Büchern, Kuriositäten und allen möglichen Dingen, die für bestimmte Studien benötigt werden. Es ist jedoch wichtig, dort einen Bereich als Ming T'ang *oder Reservat der Ruhe einzurichten. Chinesische Gelehrte glauben, daß Bilder, auf denen Berge und Wasser dargestellt sind, inspirierend wirken. Außerdem befindet sich auf dem Schreibtisch jedes Schriftstellers ein Siegel, ein Tintenstein oder ein Stifthalter in Form eines verwitterten Felsens, der den Drachen der Berge repräsentiert.*

Die Werkstatt / Der Hobbyraum

Notieren Sie alle besonderen Eigenheiten der Werkstatt.

Kommentar und Rat
In der Werkstatt lauern so viele Gefahren wie in der Küche,
wenn nicht sogar noch mehr. Gemäß den Acht Trigrammen ist
die ideale Lage in diesem Fall der Norden, weil er durch K'an
repräsentiert wird, das Symbol der kreisförmigen Bewegung –
vielleicht, weil in der Werkstatt kein Sonnenlicht benötigt wird
oder weil der Nordpol die Achse der Erdrotation ist. Wird die
Werkstatt häufig benutzt, so ist es gefährlich, sie in einen
Bereich zu legen, welcher durch die Vorzeichen «Unfälle und
Mißgeschick» oder «Lebensende» besetzt wird, da diese in
Räumen, wo Bohrer, Kreissägen, Drehbänke und andere
potentiell lebensgefährliche Werkzeuge aufbewahrt werden,
verhängnisvoller als gewöhnlich sein können.

Ausfüllen des Übersichtsdiagramms

Nachdem Sie nun die Vorarbeiten abgeschlossen haben, können
Sie die Informationen in die Diagramme eintragen. Zuvor
sollten Sie allerdings noch die Geburtsdaten aller Mitglieder des
betreffenden Haushalts notieren.

Nehmen Sie sich nun das geomantische Übersichtsdiagramm
(Diagramm 1) vor. Setzen Sie den Namen des Haushaltsvorstands und der anderen Familienmitglieder sowie deren Geburtsdaten ein. Tragen Sie auch die Anschrift des untersuchten
Hauses und – aus Ihren Notizen «Bei der Ankunft am Standort
des Gebäudes» – die Orientierung des Hauses ein.

Mit Hilfe der Notizen, die Sie sich «Bei der Ankunft am
Standort des Gebäudes» gemacht haben, können Sie ein «Lage-
diagramm» erstellen. Ein Beispiel-Lagediagramm (Diagramm 2)
finden Sie auf Seite 248, ein Blanko-Diagramm auf Seite 249.

Tragen Sie unter Berücksichtigung der jeweiligen Kompaßrichtungen die verschiedenen Merkmale, die Sie notiert haben, in das Diagramm ein.

Geomantisches Übersichtsdiagramm
(Diagramm 1)

Haushaltsvorstand ————————————————————

Geburtsdatum ————————————————————

Zweiter Haushaltsvorstand ————————————————

Geburtsdatum ————————————————————

Andere Haushaltsmitglieder ————————————————

————————————————————————

————————————————————————

————————————————————————

————————————————————————

————————————————————————

Adresse des Hauses ————————————————————

————————————————————————

Orientierung ————————————————————————

Stellen Sie anhand von Diagramm 1 die Ausrichtung des Gebäudes fest.

Tragen Sie nun im Lagediagramm in den achtfach unterteilten inneren Ring die Position des Eingangs ein, und tragen Sie unter Zuhilfenahme des Diagramms 4 auf Seite 250 die Namen der Vorzeichen in den äußeren Ring ein.

Skizzieren Sie einen ungefähren Grundriß des Hauses, und übertragen Sie diesen in das Zentrum des Diagramms, wobei Sie darauf achten müssen, daß der Eingang entsprechend den Acht Kompaßrichtungen eingezeichnet wird.

Anhand der folgenden Tabelle können Sie entsprechend der Orientierung des Gebäudes die Zahl der südlichen Stern-Vorzeichen feststellen:

Norden	10	Osten	22
Süden	13	Westen	9
Nordosten		Südosten	11
	4	Nordwesten	16
Südwesten			
	3		

Tragen Sie das südliche Stern-Vorzeichen in die südliche Position des Diagramms ein (sie ist durch ein schwarzes Dreieck gekennzeichnet). Tragen Sie anschließend die restlichen Zahlen von 1 bis 24 im Uhrzeigersinn in die übrigen Felder ein. Damit sind die Stern-Vorzeichen vollständig.

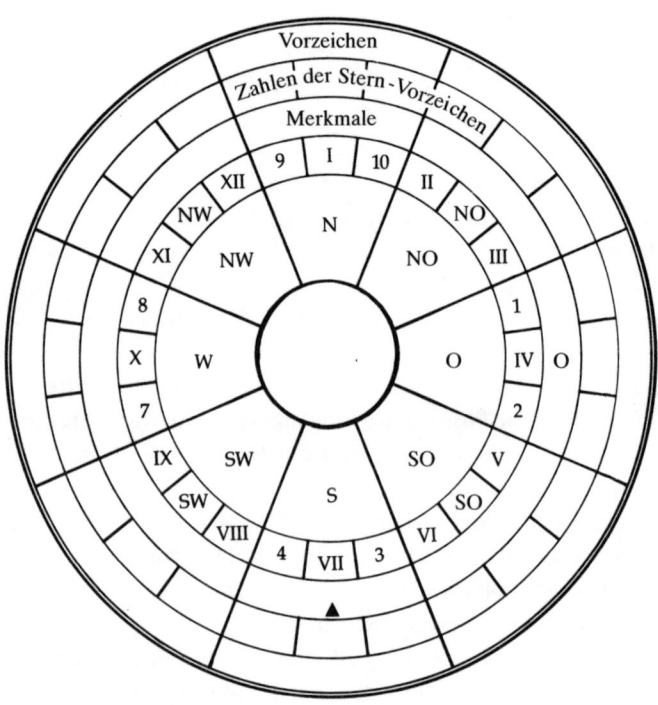

Lage-Diagramm des Hauses (Diagramm 2)

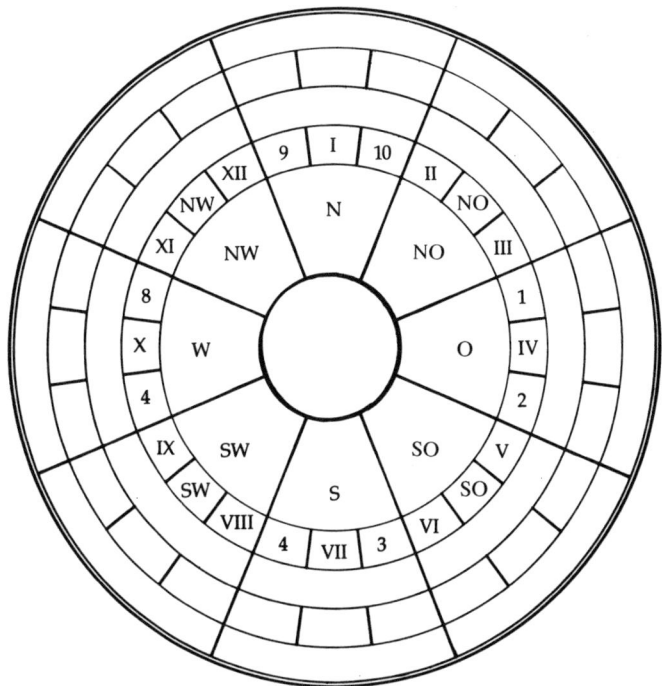

Lage-Diagramm (Diagramm 3)

Füllen Sie das persönliche Feng-Shui-Diagramm und das Diagramm der Räume (Diagramm 5 und 6) aus. Notieren Sie, welche Räume günstig sind und für welches Familienmitglied sie sich jeweils am besten eignen.

Nachdem Sie die Diagramme ausgefüllt haben (Beispiel für ein vollständig ausgefülltes Diagramm auf S. 252; Blanko-Diagramm, das Sie benutzen können, auf S. 256), sollten Sie zu Ihren Notizen zurückkehren und Ihre Beobachtungen in Form eines Berichts zusammenfassen, wobei Sie die weiter oben angegebenen Ratschläge berücksichtigen.

Lenken Sie die Aufmerksamkeit Ihrer Klienten stets auf die positiveren Aspekte des Feng-Shui. Wenn Sie aufgrund Ihrer

Beobachtungen zu dem Schluß kommen, daß das Feng-Shui ungünstig ist, sollten Sie Verbesserungsvorschläge machen, die praktikabel sind.

Diagramm der Vorzeichen (Diagramm 4)

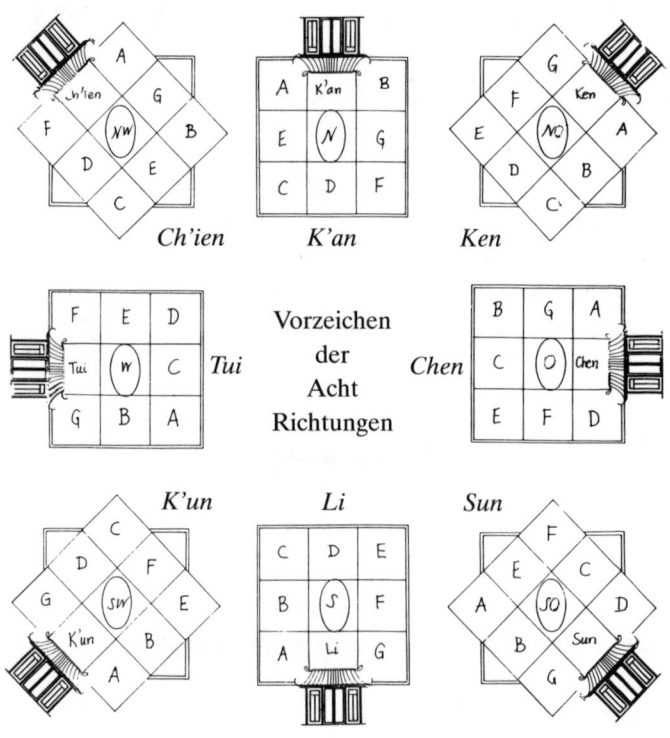

Persönliches Feng-Shui-Diagramm (Diagramm 5)

Erster Bewohner:
Name ————————————————————————————
Geburtsdatum: ————————————————————————
Geschlecht: m/w ——————————————————————
Ausrichtung des Gebäudes ——————————————————
Geburtszahl ————————————————————————
Geburtselement ——————————————————————

Zweiter Bewohner:
Name ————————————————————————————
Geburtsdatum ———————————————————————
Geschlecht: m/w ——————————————————————
Ausrichtung des Gebäudes ——————————————————
Geburtszahl ————————————————————————
Geburtselement ——————————————————————

Diagramm der Räume (Diagramm 6)

Raum	Lage	Vorzeichen	Geeignet für
Eingangsbereich	————	————	————
Wohnzimmer	————	————	————
Eßzimmer	————	————	————
Küche	————	————	————
Bad	————	————	————
Schlafzimmer 1	————	————	————
Schlafzimmer 2	————	————	————
Schlafzimmer 3	————	————	————
Schlafzimmer 4	————	————	————
Arbeitszimmer	————	————	————
Werkstatt	————	————	————

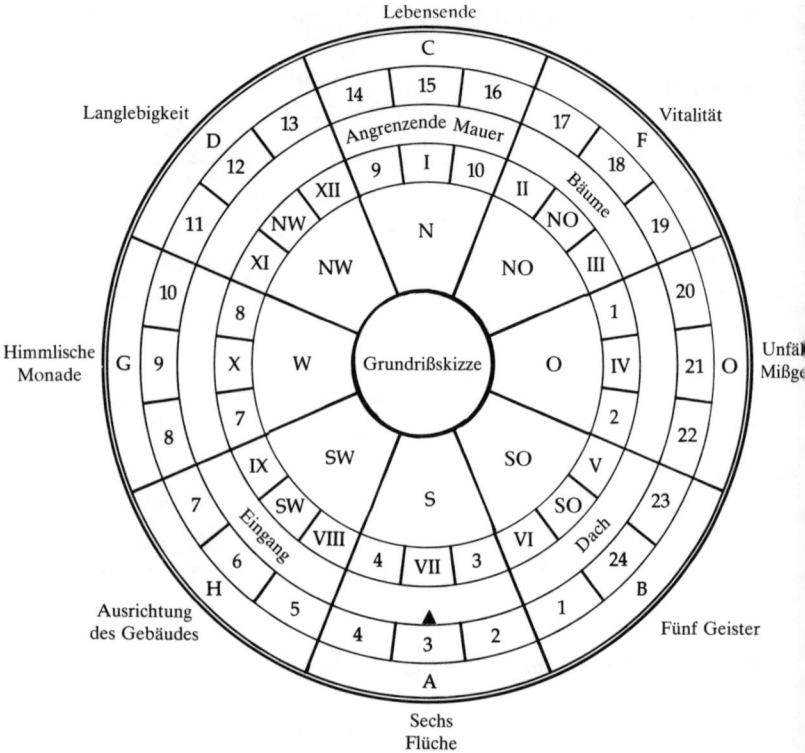

Beispiel für ein ausgefülltes Diagramm

Nachwort

Wenn Sie dieses Buch gelesen haben, fragen Sie sich im geheimen vielleicht: Funktioniert diese Methode wirklich? Und wenn sie funktioniert, *warum* funktioniert sie dann?

Natürlich wird man vom Autor eines Buches zum Thema Feng-Shui nichts anderes erwarten, als daß er die erste Frage mit «ja» beantwortet. Dagegen ist es wesentlich schwieriger, die zweite Frage Menschen zu beantworten, die nichts über die chinesische Ritual-Tradition wissen.

Doch möchte ich den Physiker Nils Bohr zitieren, der auf die Frage, warum er sich ein Hufeisen über die Haustür genagelt habe – ob er denn an dergleichen glaube – geantwortet hat: «Es funktioniert, ob Sie nun daran glauben oder nicht.»

Wenn Chinesen mich wegen der Feng-Shui-Situation ihres Hauses um Rat fragen, haben sie keinerlei Schwierigkeiten, meine Kommentare zur Ausrichtung, zu den Elementen und zum Fluß des *Ch'i* zu akzeptieren. Wenn ich jedoch mit Ratsuchenden aus der westlichen Welt derartige Probleme bespreche, versuche ich, ihnen Erklärungen zu geben, mit denen sie auf rationaler Ebene etwas anfangen können, und Begrifffe zu benutzen, die ihnen vertraut sind.

Beispielsweise wurde ich einmal gebeten, mir eine Reihe von Häusern in den englischen Midlands anzuschauen, die von sieben Paaren bewohnt worden waren, von denen sich fünf inzwischen getrennt hatten. Hinter den Häusern befand sich eine Umgehungsstraße, die auf eine Hauptstraße führte, welche wiederum in eine Autobahn mündete. Aus der Sicht der Feng-Shui-Lehre war dies eine sehr üble Situation, da das gesamte *Ch'i* von den Häusern weggeleitet wurde. Das war die chinesische Erklärung. Doch wenn man sich die Situation aus einer westlichen, psychologisch orientierten Perspektive anschaute, so konnte man von den Fenstern der Häuser aus beobachten, daß

sich ein permanenter Verkehrsstrom von den Häusern wegbe-
wegte, wodurch die Saat der Rastlosigkeit sowie das Bedürfnis
wegzugehen gesät wurden.

Ich kann zu diesem Thema auch noch eine andere Geschichte
anführen, bei der es um «Prominente» geht. Vor einiger Zeit
wurde ich von einer überregionalen Zeitung gebeten, einen
Kommentar zum neuen Wohnsitz des Herzogs und der Herzogin
von York abzugeben. Zu jenem Zeitpunkt waren beide jung
verheiratet und allem Anschein nach rundum glücklich.

Doch als ich mir die Konstruktion des Hauses anschaute, war
ich entsetzt. Es war nach Norden ausgerichtet – eine völlig unge-
eignete Orientierung für ein königliches Paar. Außerdem gab es in
dem Anwesen eine Eingangshalle, die von der Vorderseite des
Hauses bis zur Rückseite durchging und die Privatgemächer des
Herzogs und der Herzogin voneinander trennte. Die traurigen
Konsequenzen dieser Anordnung sind mittlerweile bekannt.

Fast immer, wenn ich den Bereich in einem Haus identifiziere,
der «Unfälle und Mißgeschick» repräsentiert (siehe Seite
120 ff.), reagiert die betreffende Familie erstaunt und kann
etliche Mißgeschicke aufzählen, die tatsächlich dort passiert
sind, wobei sehr oft irgendwann jemand an der betreffenden
Stelle von einer Leiter gefallen ist. Warum ist das so? Dazu kann
ich nichts sagen. Feng-Shui hat drei Aspekte, von denen einer
rational erklärbar ist, der zweite ästhetisch zu sehen ist, und der
dritte eine geheimnisvolle Qualität besitzt, für die es im Sinne der
westlichen Wissenschaft keine Erklärung gibt.

Doch auch die westliche Wissenschaft muß häufig für Phäno-
mene hypothetische Erklärungen liefern, die sich in der Praxis
nicht überprüfen lassen. Wenn sich mehrere Lösungsmöglichkei-
ten anbieten, ist wahrscheinlich die einfachste und für die größte
Zahl von Fällen geltende zutreffend. In dieser Hinsicht gibt uns
Feng-Shui sehr präzise Leitlinien an die Hand, die sich auf eine
erstaunliche Vielfalt von Umständen anwenden lassen.

Angesichts des heutzutage wachsenden Bewußtseins für die
Dringlichkeit, jenes fragile Gleichgewicht zu erhalten, das die

Voraussetzung für das Leben auf der Erde ist, gewinnt die Feng-Shui-Kunst zunehmend an Bedeutung und wird nicht länger als alte mystische chinesische Kunst betrachtet, die für die dringlichen Probleme unserer Zeit keinerlei Relevanz mehr hat. Ein Großteil der aktuellen Sorge um die kostbaren und begrenzten Ressourcen der Erde ist in der Tat eine moderne Manifestation der ursprünglichen Feng-Shui-Philosophie. Obwohl die Parameter des Feng-Shui sich ändern mögen, bleibt die moralische Intention dieser Wohn-Kunst auch nach über zweitausend Jahren die gleiche.

Geomantisches Übersichts-Diagramm

Haushaltsvorstand _____

Geburtsdatum _____

Zweiter Haushaltsvorstand _____

Geburtsdatum _____

Andere Haushaltsmitglieder _____

_____

_____

_____

_____

_____

Adresse des Hauses _____

_____

Ausrichtung _____

_____

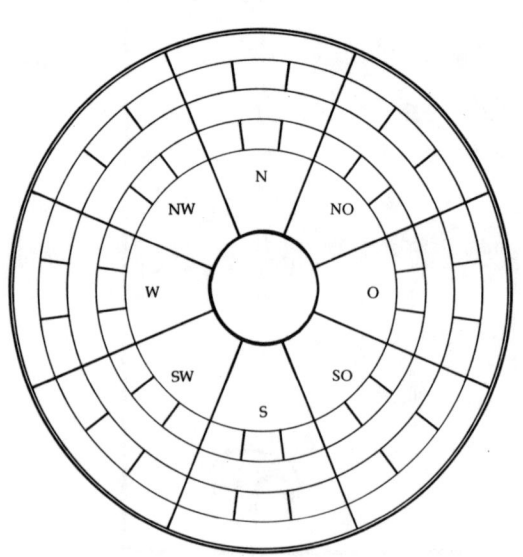